Les dépossédés

Du même auteur

Atlas des fractures françaises, L'Harmattan, 2000

Atlas des nouvelles fractures sociales en France (avec Christophe Noyé), Autrement, 2004

Fractures françaises, François Bourin, 2010 ; Champs Flammarion, 2013

La France périphérique, Flammarion, 2014 ; Champs Flammarion, 2016

Le Crépuscule de la France d'en haut, Flammarion, 2016 ; Champs Flammarion, 2017

No Society, Flammarion, 2018 ; Champs Flammarion, 2019

Le Temps des gens ordinaires, 2020 ; Champs Flammarion, 2021

Dialogue périphérique (avec Sacha Mokritzky), Zinc, 2022

Christophe Guilluy

Les dépossédés

L'instinct de survie des classes populaires

Flammarion

ISBN : 978-2-0802-9013-7

À L.

Préambule

L'impression est étrange. Les classes dominantes n'ont jamais autant concentré de pouvoirs, accumulé de richesses, verrouillé le narratif politico-médiatique et, dans le même temps, n'ont jamais paru aussi faibles, incompétentes et ridicules. De leur côté, les classes populaires, pourtant reléguées économiquement et culturellement, n'ont jamais autant inquiété.

C'est dans cette « drôle de guerre » qu'a émergé à la fin du XXe siècle une contestation qui ne ressemble à aucun des mouvements sociaux des siècles passés. Elle n'est conduite par aucun parti, aucun syndicat, aucun leader, mais par des gens ordinaires. Ses ressorts profonds, et c'est bien là sa spécificité, ne sont pas seulement matériels, mais surtout existentiels.

Elle n'est pas animée par une conscience de classe, mais par le constat d'avoir été dépossédé de ses prérogatives, d'avoir peu à peu été mis au bord du monde. Sa force et sa sérénité tiennent à son inscription dans le temps long. Ce mouvement bouscule en effet les tenants du présent perpétuel et de l'agitation permanente. Sa dimension immatérielle le rend inarrêtable, et surtout insaisissable aux yeux d'élites dirigeantes jusqu'alors habituées à tout régler grâce à des chèques.

Ce mouvement n'est pas un remake des *Misérables*, il est bien plus que cela, il est celui des dépossédés. Celui d'une majorité ordinaire qui s'est autonomisée et n'entend plus désormais se plier aux directives de ceux qui lui expliquent comment vivre ou survivre et comment se comporter.

Au fil du temps, cette protestation irrésistible et protéiforme est devenue majoritaire. Portée par la volonté d'imposer un retour aux réalités sociales et culturelles de la vie ordinaire, elle fait imploser le récit de ceux qui nous promettaient le meilleur des mondes.

I.

La mer

1.

L'accès à la mer

C'est dans la nuit du 7 au 8 juin 1936 que la CGT et le patronat de la Confédération générale de la production française signent à Matignon l'accord historique qui portera la durée du travail à quarante heures, imposera une augmentation des salaires, établira les droits syndicaux et offrira aux salariés des congés payés. Un mois plus tôt, le succès électoral d'une coalition de partis de gauche réunie sous l'étiquette d'un « Front populaire » avait éveillé l'espoir d'une amélioration des conditions de travail et de vie. Cette aspiration avait déclenché partout en France un mouvement de grève et d'occupation d'usines inédit. Mille deux cents piquets de grève seront recensés, et on estime à 2 millions le nombre de travailleurs qui auraient débrayé. Quatre jours après cet accord, le secrétaire général du Parti communiste français, Maurice Thorez, déclarait qu'il « fallait savoir terminer une grève quand satisfaction a été obtenue ». Le 20 juin 1936, le gouvernement du Front populaire annonce octroyer deux semaines de congés payés à l'ensemble des salariés.

Les ouvriers allaient pouvoir « voir la mer » et y séjourner. Mais, dans leur grande majorité, les ouvriers n'avaient évidemment les moyens ni de s'offrir des vacances ni de se déplacer. À l'époque, la voiture est un bien quasi inaccessible, ce moyen de locomotion est d'abord celui des grande et petite bourgeoisies. Conscient de cette réalité, le sous-secrétaire d'État à l'Organisation des loisirs et des sports, Léo Lagrange, impose, malgré les réticences des compagnies ferroviaires, des billets à tarifs réduits. Mis en vente le 3 août 1936, le « billet populaire de congés payés » permet de prendre le train avec 60 % de réduction, à condition de parcourir au moins 200 kilomètres ; une distance qui n'est pas choisie par hasard, puisqu'elle ouvre les plages de la Manche aux bastions ouvriers de la région parisienne et du Nord. Les gares sont alors prises d'assaut. L'atmosphère est joyeuse. Des scènes de liesse, de légèreté, de grands sourires immortalisés par le cinéma et les photographies de Doisneau ou Cartier-Bresson documentent cette période. Réservé hier aux privilégiées, l'accès à la mer illustre un basculement culturel.

Précisons quand même que ces scènes devenues iconiques sont trompeuses. Contrairement aux images d'Épinal, les mesures du Front populaire n'ont pas entraîné une ruée vers la mer. En réalité, on estime que sur les 10 millions de Français qui bénéficiaient des deux semaines de congés payés, à peine 5 % purent prendre des vacances [1]. Les nouveaux vacanciers n'avaient pas les moyens d'aller bien loin. La plupart choisirent en effet des destinations très proches de leur domicile. Par exemple, les bords de Seine ou de Marne pour les Franciliens.

Cependant, le choix de ceux qui décident de dépasser les 200 kilomètres des « billets Léo Lagrange » se porte effectivement sur le bord de mer. Des ouvriers se rendent alors sur les plages de la Manche, de la Méditerranée et de l'Atlantique. Beaucoup ne l'ont jamais vue, la mer, ils se dirigent donc logiquement vers les stations à la mode dont ils ont entendu parler et surtout vers celles pourvues de gares ferroviaires. En quelques jours, les lieux de villégiature de la bourgeoise, Cabourg, Deauville, Houlgate, Le Touquet, Dinard, La Baule au nord, Nice, Cannes, Arcachon, Biarritz au sud, voient leur population exploser.

La mer, les baignades, les golfes clairs, les reflets d'argent sont au rendez-vous… l'altérité sociale aussi. L'irruption de la classe ouvrière dans ces lieux

1. Marc Boyer, *Histoire du tourisme de masse*, PUF, 1999.

d'endogamie bourgeoise provoque des tensions inédites.

L'arrivée massive des classes populaires au cœur de petites stations balnéaires est à l'origine d'un choc de cultures. Pour la première fois, les riches vont devoir partager leur terrain de jeu. Pique-nique, pétanque, camping : le mode de vie populaire surgit dans des lieux régis depuis toujours par les normes et coutumes des privilégiés. Cette cohabitation forcée génère les critiques à l'égard de ceux qu'on appelle méprisamment « les congés payés » et dont on raille les tenues de bain et le marcel.

Très vite, la bourgeoisie pense à la suite. Il ne lui suffira que de quelques années pour réorganiser ses lieux de villégiature. Après la guerre, l'offre saisonnière se segmente. Les villas de luxe pour elle, les locations bas de gamme pour les petits revenus. Par ailleurs, elle est aidée par les élus qui autorisent ou non l'installation de campings dans leurs communes. De leur côté, dès les années 1960, les ultra-riches optent pour une séparation radicale : le yacht, dont le marché explose pendant les Trente Glorieuses, et qui correspond à l'avènement du tourisme populaire de masse.

Si les congés payés font partie des grands acquis sociaux de la classe ouvrière, l'accès à la mer revêt une dimension hautement symbolique et dépasse de loin la question sociale. L'accès aux littoraux mais aussi aux paysages lointains modifie l'horizon des plus modestes, qui se limitait hier à leurs lieux de vie : quartiers et communes des grands bassins industriels pour les ouvriers, campagnes pour ceux qu'on n'appelait pas encore les ruraux. L'accès à la mer est donc plus qu'une avancée sociale, il représente également une avancée culturelle. À l'été 1936, les catégories populaires accèdent à l'horizon, élargissent leur champ de vision et se rendent visibles non plus seulement comme les rouages indispensables de l'économie, mais aussi comme un ensemble culturel incontournable.

Retour à la case départ

Plus de quatre-vingts ans plus tard, en 2022, le petit village de Caurel dans les Côtes-d'Armor est le théâtre d'un attentat. Une résidence secondaire vient d'être incendiée. De la maison entièrement brûlée ne restent que les murs ainsi que deux inscriptions faites au pochoir, en guise de revendication : « FLB ». Une référence au Front de libération de la Bretagne et à ses centaines d'attentats commis entre 1966 et 2000 [1]. La presse locale

1. Le Front de libération de la Bretagne est une organisation indépendantiste bretonne clandestine créée en 1966. Avec sa branche armée l'ARB (Armée révolutionnaire bretonne), elle demande la réunification de la Bretagne et son indépendance.

s'enflamme à son tour. *Le Télégramme*[1] s'interroge : « Faut-il craindre un retour de la lutte armée en Bretagne ? »

Le journal précise que la menace est désormais explicitement revendiquée depuis plusieurs mois, au gré d'une série de dégradations et de destructions, et d'un ultimatum signé « FLB ». En janvier, une autre habitation était dégradée dans le même village, qui compte 60 % de résidences secondaires[2]. Avec la même signature.

Il y a quelques décennies, c'est en Corse que ce genre d'actions était mené, lorsque le FLNC[3] dynamitait des villas appartenant à des continentaux ou à des étrangers. Moins nombreux aujourd'hui, les attentats n'ont pas disparu dans l'île. Le 7 avril 2022, à Ghisonaccia, une résidence secondaire de continentaux a été visée. Une bouteille de gaz couplée à un dispositif explosif a été retrouvée sur place. La veille, une autre résidence secondaire appartenant elle aussi à des continentaux avait été partiellement détruite à Canale-di-Verde. Par

1. « Le retour du Front de libération de la Bretagne », *Le Télégramme*, 27 juin 2022.

2. D'après l'Insee, entre 1968 et 2018, le nombre de résidences secondaires a été multiplié par 3,6 sur le littoral breton. En parallèle, le nombre d'annonces de locations saisonnières a explosé, créant des tensions immobilières inédites.

3. Le Front de libération nationale corse est un mouvement nationaliste radical patriote corse créé en 1976.

ailleurs, on voit réapparaître les inscriptions « IFF » (« I Francesi Fora », « les Français dehors ») un peu partout.

En Corse, où un logement sur trois est une résidence secondaire (record national [1]), la prolifération des résidences secondaires est un sujet très sensible pour les habitants et une préoccupation relayée notamment par les nationalistes. Les propriétaires continentaux qui séjournent pour les vacances ou louent leur bien pendant la saison estivale, au détriment des hôteliers, font en effet flamber les prix de l'immobilier et empêchent souvent les jeunes ménages corses d'accéder à la propriété.

Ce constat est le même sur l'ensemble des littoraux. Il pose une question de fond, celle de l'accès au logement des jeunes et des actifs dans ces zones tendues et in fine celle du droit de travailler, de vivre et donc de se loger « au pays ».

Les actions violentes ne sont que la partie émergée d'une contestation qui tend à se généraliser. Un peu partout sur le littoral, de la Bretagne à la côte basque, les manifestations se multiplient. Des collectifs [2] et des élus se mobilisent pour trouver les moyens juridiques de freiner la prolifération de résidences secondaires et le « tsunami Airbnb » qui

---

1. *Insee Première*, n° 1871, août 2021.

2. « Pays basque : un tsunami Airbnb », *Le Figaro*, 8 juin 2022.

l'accompagne. Si les murs du Pays basque nous rappellent que « Euskal Herria Ez da Salgai » (« le Pays basque n'est pas à vendre »), la mécanique du marché ne semble pas près de s'arrêter. Car cette pénurie de l'offre de logements est la conséquence directe d'une évolution des modes de vie, notamment ceux des classes supérieures et des retraités aisés.

En Bretagne comme ailleurs, c'est la bourgeoisie qui « rafle » l'immobilier local [1], et l'impact de cette captation se fait déjà sentir sur la vie locale. La Couarde-sur-Mer, commune rétoise de 1 200 âmes, qui, en une vingtaine d'années, a perdu la moitié de son effectif, peine à empêcher la fermeture de son école. Patrick Rayton, le maire, sonne l'alerte : « Le phénomène est semblable partout sur l'île. Nous avons actuellement plus d'une centaine de familles en attente d'une location à l'année ! [2] » En Bretagne, pour limiter le nombre de résidences secondaires, la coordination « Un logement pour tou.te.s » rappelle que, dans cette région, « il y a 330 000 logements vides neuf mois sur douze » et propose donc de placer toute la Bretagne en zone tendue afin de surtaxer les résidences secondaires

---

1. « Bretagne : quand les Parisiens raflent l'immobilier », *L'Obs*, 13 août 2021.

2. « La révolte des villes touristiques contre le système Airbnb », *Le Figaro*, 9 juin 2022.

et de créer un statut de « résident » qui n'autoriserait à acquérir un bien dans certaines communes qu'après y avoir habité un an. Mais ces mesures suffiront-elles ?

Ces dynamiques sont portées par une modification profonde du mode de vie des plus aisés qui, notamment depuis la crise sanitaire et le développement du télétravail, s'achètent des dépendances en dehors des grandes villes. Ce fameux « monde d'après », fêté par les médias, génère une violence sociale invisible, celle de l'exclusion des plus modestes de leur lieu de vie et de naissance. Comme d'habitude, ce constat de la mise à l'écart de la majorité ordinaire est justifié par la rhétorique de la main invisible du marché, du premier de cordée. L'argumentaire est toujours le même : les riches font vivre ces régions grâce au ruissellement qu'ils induisent. Cette théorie, qui justifiait hier la métropolisation sous prétexte que les territoires gagnants redistribuaient indirectement une partie de leur richesse vers les territoires perdants, vient disculper les classes supérieures de l'impact de leur choix résidentiel dans les zones littorales.

Relayé par certains élus, ce discours vise à justifier la gentrification des littoraux par l'activité qu'elle génère. S'il ne fait pas de doute que la construction de résidences et l'arrivée de ménages aisés favorisent l'économie locale, ce constat matériel occulte une dimension essentielle, à savoir la place réservée aux plus modestes. Comment mesurer le ressentiment que peut provoquer le fait de ne plus pouvoir vivre là où l'on est né ?

En février 2022, lors d'une audition consacrée à la spéculation foncière en Corse, le député nationaliste Jean-Félix Acquaviva [1] évoque cette dimension culturelle occultée des tableaux de bord des statistiques économiques locales : « Si la tendance se poursuit en matière de construction de résidences secondaires telle qu'on l'a constatée ces deux dernières décennies en Corse, si elle se poursuit en matière de niveau de pauvreté des Corses, si on laisse faire pour que ces derniers, et de plus en plus, soient des étrangers sur leur propre terre, on ne pourra pas, demain, dire que l'on n'avait pas été prévenu. Car la situation dans laquelle on laisse l'île tomber au fur et à mesure peut créer des frustrations majeures au sein d'un peuple, le peuple corse, qui n'a plus la place qu'il doit avoir chez lui. Voulons-nous que les insulaires n'aient le choix qu'entre partir, être dépossédés, ou devenir des Indiens dans la réserve ? Voulons-nous vraiment envoyer le signal que la démocratie et le droit sont impuissants ? La terre, pour un Corse, ce n'est pas seulement un bien économique, c'est un élément fondamental de l'identité d'un peuple. » Quelques

1. « Spéculation foncière en Corse », *Corse Matin*, 6 février 2022.

mois plus tard, en juillet, le FLNC revendique le plasticage de 16 résidences secondaires. Dans un communiqué, l'organisation clandestine dénonce… la mort programmée du peuple corse.

Dans un contexte général où le parc de logements modestes se réduit comme peau de chagrin, où le prix de l'immobilier atteint sur certains littoraux des prix parisiens et alors que la majorité du parc de résidences secondaires appartient aux catégories supérieures (et notamment aux 10 % des ménages les plus aisés du pays), de nombreux élus pensent, comme le maire de Saint-Lunaire en Ille-et-Vilaine, qu'« on en est à un stade où ça va virer à la confrontation [1] ».

Partout, le binôme gentrification/airbnbisation provoque ainsi une explosion des prix et, mécaniquement, un recentrage vers des séjours courts et onéreux. Dans ces espaces gentrifiés, les campings cinq étoiles se multiplient, tandis que le nombre de campings une ou deux étoiles diminue. Hébergement touristique traditionnel des classes populaires, le camping voit ses tarifs s'envoler et sa clientèle se modifier. Bienvenue au camping bourgeois, et même au glamping [2]. Cette forme

1. « La révolte des villes touristiques contre le système Airbnb », *Le Soir*, 12 juin 2022.

2. Le « glamping », néologisme né de la contraction des mots *glamour* et *camping*.

d'appropriation culturelle est toujours la dernière étape du processus de gentrification. Elle rappelle l'appropriation du label populaire par la bourgeoisie des grandes villes : les quartiers, les cafés et même les stades de foot, tous ces lieux emblématiques de la culture populaire, ont conservé leur décorum, mais les gens ordinaires en sont définitivement exclus.

Quelque chose est donc en train de basculer sur les littoraux. De la flambée du mètre carré qui interdit aux classes populaires d'accéder à la propriété aux enchérissements de l'hébergement estival, les littoraux sont redevenus des espaces clos sur une mer fermée. Les résidences principales ou secondaires de retraités aisés ou de cadres supérieurs s'y multiplient. Partout, la côte-d'azurisation du littoral est en marche et aboutira inéluctablement à l'éviction des classes populaires.

Bien entendu, ni les congés payés ni l'accès aux littoraux ne sont remis en cause, et les catégories modestes peuvent encore aller à la plage, mais quelque chose est à l'œuvre, un retour symbolique à la case départ. Si la « loi littoral » de 1986 qui encadre l'aménagement de la côte permet encore le libre accès aux littoraux, elle n'arrêtera pas le rouleau compresseur de la gentrification. Les littoraux ont toujours attiré la bourgeoisie, mais aujourd'hui la pression immobilière est le fait d'un groupe bien plus important numériquement. Cet ensemble très vaste de catégories supérieures actives ou retraitées représente près de 20-25 % de la population, un poids démographique suffisamment lourd pour provoquer des changements sociologiques irréversibles sur des territoires beaucoup plus vastes que ceux d'un quartier ou d'un village. C'est le paradoxe de ce modèle inégalitaire : il fonctionne ! En effet, ce modèle n'a cessé de créer des richesses qui bénéficient à une fraction considérable de la population, mais en fragilisant la majorité ordinaire. On ne peut penser la question de l'embourgeoisement des territoires sans la remettre dans le contexte sociologique de la disparition de la classe moyenne hier majoritaire. Au siècle dernier, l'embourgeoisement du cap Ferret, d'Antibes ou des quartiers de la Rive gauche parisienne n'impactait pas la vie d'une classe moyenne parfaitement intégrée économiquement et culturellement.

Mais, aujourd'hui, la gentrification des littoraux et de la totalité des espaces métropolitains n'a évidemment pas la même signification à un moment où la classe moyenne a implosé dans un double mouvement. Comme l'explique l'économiste Branko Milanović [1], la mondialisation a provoqué une aspiration d'une fraction de la classe moyenne

1. Branko Milanović, *Inégalités mondiales : le destin des classes moyennes*, La Découverte, 2021.

vers la partie supérieure et un effondrement du plus grand nombre vers le bas. Dans cette organisation « en sablier », la classe moyenne occidentale disparaît pour laisser la place à deux pôles antagonistes : des catégories supérieures captant l'essentiel des hauts revenus et une majorité ordinaire qui se fragilise. Grâce à son poids démographique inédit, le monde d'en haut possède la capacité de remodeler le paysage médiatique, politique, culturel, mais également la géographie sociale des pays occidentaux.

Les spécialistes de l'immobilier ont l'habitude d'opposer les zones « tendues » (forte demande, prix du mètre carré à la hausse) et zones « détendues » (moins de demande, prix du mètre carré stable, voire en baisse). Derrière cette sémantique technique se cache une réalité plus prosaïque : les zones dites tendues correspondent aux territoires ciblés par les classes supérieures. Le marché de l'immobilier est donc porté par ces catégories, par leurs choix résidentiels. Ces choix déterminent l'avenir des territoires mais également, par contrecoup, les politiques publiques (notamment la construction de logements sociaux) qui seront initiées pour répondre à la marge à ce rouleau compresseur.

Si la gentrification des littoraux restreint l'accès aux logements des natifs, elle impacte aussi les vacanciers modestes. Pour continuer de partir en vacances, ceux-ci sont forcés de changer leurs habitudes : partir moins loin, moins longtemps ou ne plus partir du tout. Il y a vingt ans, deux tiers des Français déclaraient partir en vacances. En 2019, cette proportion est tombée à 58 %. Si 82 % des cadres supérieurs partent en congés, ils ne sont que 47 % des ouvriers. En 1999, 47 % des personnes dont les revenus étaient inférieurs à 1 200 euros partaient en vacances, cette proportion chute à 37 % en 2019 [1]. Au rythme de la montée du prix du mètre carré, c'est l'ensemble du paysage social qui évolue en privant, peu à peu, les gens ordinaires d'horizon. La multiplication des projets immobiliers « haut de gamme » et même des *gated communities* [2] sur tous les littoraux [3] nous donne d'ailleurs une indication du futur qui attend les plus modestes sur ces territoires.

La mer est en perpétuel mouvement, la place des gens ordinaires dans la société aussi.

Dans l'Antiquité, les Grecs et les Romains voyaient la mer comme un espace réservé aux dieux. La bourgeoisie du XIXe siècle en a fait son lieu de villégiature. Après une courte période de démocratisation, la bourgeoisie cool et inclusive du nouveau millénaire mise sur la loi du marché pour

1. Source : CRÉDOC, données 2019.
2. Résidence ou quartier fermé et sécurisé.
3. Y compris sur les plages populaires de la Somme.

en faire à nouveau son terrain de jeu fermé. Des bains de mer d'hier à l'embourgeoisement d'aujourd'hui, on retourne discrètement à la case départ. En apparence, rien n'a changé, le décorum reste à peu près le même, mais la maison de pêcheur est devenue celle du cadre parisien. Ce basculement rappelle celui des grandes villes, dans lesquelles les appartements et les surfaces artisanales des quartiers populaires sont transformés en lofts et n'ont pas logé un ouvrier depuis quelques décennies déjà.

Ce retour en arrière s'est opéré à bas bruit, et même dans la joie et la bonne humeur. Le fait qu'un jeune issu de milieux modestes ne puisse plus vivre là où il est né (quartiers populaires de grandes villes, zones littorales) ne dérange pas grand monde.

Entendons-nous bien, il n'y a pas d'« accaparement des terres ». En réalité, comme à son habitude, la nouvelle bourgeoisie cool et inclusive ne chasse personne, ne s'impose pas, elle n'a pas besoin de le faire. Elle accompagne, presque sans le vouloir, la main invisible du marché de l'immobilier. Mieux, comme hier lorsqu'elle a débarqué dans les quartiers populaires des grandes villes, elle explique aujourd'hui qu'elle permet aux espaces qu'elle investit de s'améliorer, de retrouver un dynamisme économique, de créer des emplois locaux. Une petite musique médiatique vient par ailleurs justifier cette dynamique en laissant entendre que ce mouvement est cohérent avec le besoin de « quitter la ville », de télétravailler en développant la co-résidence pour le bien des autochtones. Un monde parfait, donc.

Compte tenu de l'accroissement de l'écart entre revenus moyens régionaux et prix de l'immobilier, on peut désormais acter la fin programmée de la présence populaire près des bords de mer. Sociologiquement, et à moyen terme, le littoral atlantique ressemblera à la sociologie des quartiers gentrifiés des villes ; classes supérieures urbaines, bourgeoisie traditionnelle ou progressiste, retraités aisés. La baisse de la mobilité étant inscrite dans ce processus de gentrification, on peut sans risque prédire la cristallisation d'un processus d'embourgeoisement et de vieillissement à l'ensemble des littoraux. Comme dans les métropoles, les élus locaux, conscients que ces territoires ne peuvent vivre sans travailleurs, sans *key-workers*, cherchent à contrer le processus en créant des logements sociaux, mais cette politique homéopathique semble bien dérisoire pour réguler les forces du marché. La construction de ces logements sociaux est dans l'impossibilité de compenser la disparition d'un parc privé abordable [1], seul parc susceptible de

1. Parc ancien privé accessible : bas loyer, maison ou appartement à faible prix.

maintenir une présence importante de catégories modestes. L'offre de logements qui leur sont destinés se réduira peu à peu aux logements sociaux, et l'immense majorité des classes populaires se dispersera dans les périphéries périurbaines ou rurales. Comme dans les années 1980, la gentrification est décrite positivement par les élites urbaines et les prescripteurs d'opinion (qui sont souvent des acteurs majeurs de cette gentrification [1]). Cette vision surplombante met en avant les bienfaits générés par l'arrivée de nouveaux habitants plus exigeants sur leur cadre de vie, les services, l'offre commerciale et qui, par leur seule présence, génèrent activité et emploi... pour les plus modestes. Les médias ont fortement porté ce narratif pendant la période de crise sanitaire durant laquelle, évidemment, la majorité de la population réfléchissait à déménager, à acheter une résidence secondaire, si possible en bord de mer.

Mais, sur le fond, ce qui est frappant dans ces représentations, c'est la perception de la France périphérique comme un terrain de jeu, une *terra incognita* habitée par des autochtones qui attendraient avec angoisse et impatience l'arrivée de sauveurs qui, grâce au ruissellement de leurs revenus

1. Pour mémoire, c'est précisément pour casser cette vision irénique de la gentrification que nous avons détourné en 2001 le terme « bobo » de David Brooks. L'objectif était

(salaire ou pension de retraite), feraient revivre des bassins d'emplois en difficulté. Ce conte pour enfants, qui met de côté la question de la pertinence du modèle économique, permet de justifier la sécession tranquille des classes supérieures et l'érection de murs invisibles entre le haut et le bas.

Bourgeoisie « insoumise » et sens du patrimoine

Les collectifs qui dénoncent la gentrification des littoraux ont un air de déjà-vu, de déjà-entendu. Lorsque des Bretons [1] manifestent aux cris de « la Bretagne n'est pas une résidence secondaire ! », ils font écho aux Barcelonais qui déploient des banderoles « Barcelone n'est pas à vendre » [2]. Dans cette métropole, les manifestations contre la gentrification, le tourisme de masse et la privatisation des espaces publics sont récurrentes depuis des décennies maintenant. Menant des actions contre la spéculation foncière, les militants bretons et barcelonais

---

de désigner le « gentrificateur » à partir de sa position de classe, celle d'une nouvelle bourgeoisie.

1. Le collectif indépendantiste Dispac'h organise notamment des actions de collage d'affiches sur les maisons inoccupées dans la région de Saint-Malo.

2. Hovig Ter Minassian, « Patrimonialisation et gentrification : Le cas de Barcelone », *Cahier Construction politique et sociale des territoires*, 2012, p. 49-58.

manifestent contre la même flambée des prix de l'immobilier, mais aussi contre la même industrie touristique. La dénonciation des résidences secondaires désertées toute l'année fait écho à celle des appartements vides qui ne servent qu'à spéculer. Dans les deux cas, ils soulignent le fait que les jeunes et les classes populaires n'ont désormais plus les moyens d'accéder à ces espaces et à l'emploi qui s'y concentre. De Londres à Berlin, les activistes n'ont jamais cessé de mener des actions parfois étonnantes, à l'image de cette attaque d'un bar à céréales dans le quartier de Shoreditch, « symbole de la gentrification d'un quartier, de la hausse des loyers et du départ des ménages les moins aisés [1] ». Mais force est de constater que ces manifestations n'ont eu qu'un impact dérisoire sur l'évolution sociale des métropoles. Un échec qui tient notamment à la faiblesse de la mobilisation. En effet, bizarrement, ces manifestations qui se déroulent pourtant dans les bastions électoraux de la gauche et de la gauche radicale (les quartiers embourgeoisés des grandes villes) n'ont jamais mobilisé ces habitants qui n'ont de cesse d'afficher leur sensibilité à la question sociale.

La bourgeoisie « insoumise » qui peuple ces quartiers n'a pas rejoint les contestataires. Pourtant très diserte sur la question des inégalités, la dénonciation du 1 %, du capitalisme et des injustices

1. « La gentrification du quartier de Shoreditch », *RFI*, octobre 2015.

sociales, elle quitte rarement son loft pour grossir les rangs des manifestants. Mais peut-être cette nouvelle bourgeoisie « rebelle et progressiste » n'a-t-elle pas vraiment envie de mettre en lumière les effets positifs sur son patrimoine d'un capitalisme qu'elle ne cesse de dénoncer ? Peut-être n'a-t-elle pas vraiment envie que l'on évoque la culbute qu'elle a réalisée grâce au renchérissement du foncier, ni le patrimoine qu'elle s'est constitué grâce au marché ?

En effet, comment imaginer que la contestation puisse être portée par ceux-là mêmes qui bénéficient du modèle dans les métropoles et sur les littoraux ? Il y a vingt ans, nous annoncions que pour ces raisons, aucun mouvement social sérieux ne viendrait des grandes villes, pas même des banlieues qui n'ont jusqu'à présent produit que des émeutes – c'est-à-dire de la casse et de la violence – facilement gérables avec un peu d'argent. Depuis des décennies, comme dans tous les pays occidentaux, la colère vient d'ailleurs. Loin des littoraux, loin des métropoles, là où vit désormais la majorité des classes populaires, c'est la France périphérique qui a été le théâtre d'un des mouvements sociaux les plus importants depuis le Front populaire.

2.

La cité interdite

En 2018, c'est un département littoral, la Gironde, qui fut au cœur du mouvement des Gilets jaunes. Bordeaux s'est en effet distinguée par l'importance des cortèges et par la multiplication des barrages autour de la ville. L'intensité des manifestations dans ce département allait révéler aux élites locales et nationales que la « métropolisation tranquille » n'existe pas, qu'on ne peut organiser la vie des gens avec le seul tableau de bord des performances économiques de quelques secteurs. Il faut dire que la rapidité et l'intensité du double processus de métropolisation et de gentrification avaient créé les conditions d'une forte tempête. L'historien Pierre Vermeren [1] rappelle que le département a gagné 400 000 habitants en trente ans (le

1. « Gilets jaunes, l'exemple des mutations de Bordeaux et de la Gironde », *Le Figaro*, 21 novembre 2018.

tiers de sa population) et que Bordeaux est devenue la métropole la plus attractive de France : « Les données sont assez simples, et pour tout dire mécaniques. Bordeaux n'a absorbé que 10 % de l'essor de la population du département (près de 40 000 habitants), et l'agglomération bordelaise tout entière la moitié (près de 200 000). La Gironde rurale et des petites villes, qui représente encore près d'un Girondin sur deux, a absorbé l'autre moitié [...]. La rénovation de la ville, les investissements considérables réalisés dans son aménagement, et les opérations de communication attenantes, y ont multiplié par trois le prix de l'immobilier, qui tutoie désormais les prix parisiens dans les quartiers les plus huppés. L'euphorie bordelaise est très largement liée à cette poussée spéculative dont un des effets les plus durables et les plus massifs a été de chasser les classes populaires et les classes moyennes originelles de la ville centre et, par effet d'auréole, des communes les plus proches, ou du moins des quartiers les plus en vue de celles-ci [...]. Le salaire médian girondin, qui avoisine celui de la France à 1 600 euros mensuels, a mécaniquement contraint au départ les populations ouvrières, d'artisans, d'employés et de petits et moyens fonctionnaires qui font tourner l'agglomération, et en particulier la ville centre. Or, avec près de 400 chantiers en 2018, l'agglomération bordelaise est un énorme bassin d'emplois d'ouvriers, d'artisans et de terrassiers du bâtiment. Le papy-boom et l'énorme Centre hospitalier universitaire qui en découle (le plus gros employeur de l'agglomération), alliés à l'expansion du tourisme, se traduisent par une explosion des emplois peu qualifiés dans la restauration, l'hôtellerie, la santé ou les services à la personne. Lieu de travail et domicile sont donc séparés pour le grand nombre, souvent par des dizaines de kilomètres. Bordeaux compte désormais deux fois plus de cadres que d'ouvriers résidents. »

En quelques années, donc, le département a enregistré une recomposition économique et sociale que les autres territoires métropolisés avaient subie en un demi-siècle. Mécaniquement, le processus a donné naissance à une organisation inégalitaire entre sa grande ville gentrifiée, dans laquelle la présence de catégories populaires se limite aux quartiers de logements sociaux, et ses périphéries populaires. Les classes supérieures choisissent la ville centre, les périphéries les plus proches et les littoraux, les catégories modestes et populaires se replient sur la Gironde périphérique. Ces espaces du « périurbain subi », selon l'expression du géographe Laurent Chalard [1], accueillent alors prioritairement des employés, des ouvriers

1. « C'est la première fois que l'on voit émerger ces tensions sociales en Gironde », *20 minutes*, 11 décembre 2018.

qui, pour accéder à la propriété, ont été obligés de s'éloigner du cœur de la métropole bordelaise, vers des communes où le prix du foncier est beaucoup moins élevé (le Médoc, le Cubzaguais, le Blayais). Le géographe constate que ces espaces, où les ménages ont peu de moyens mais sont dépendants de la voiture, ont été les bastions de la mobilisation Gilets jaunes. Ils sont aussi ceux où le vote RN s'enracine (cf. les dernières élections présidentielles puis législatives de 2022).

Le modèle produit partout les mêmes effets, la même relégation et la même violence sociale invisible. En s'éloignant des zones d'emplois les plus actives, des territoires qui comptent économiquement et culturellement, la majorité ordinaire voit peu à peu son horizon social, et celui de ses enfants, se rétrécir.

À Bordeaux, comme dans l'ensemble des métropoles, les élus pensent générer et piloter le développement fulgurant de leur ville. En vérité, ils ne génèrent et ne pilotent rien, c'est le marché qui est aux manettes. Ils s'enorgueillissent toujours de leurs résultats. Ne pouvant diriger le mouvement, ils feignent de l'avoir initié. Ils ne sont que les marionnettes d'une puissante dynamique économique, financière et immobilière à l'intérieur de laquelle le politique passe les plats.

Les opérations de rénovation et de restructuration urbaines, les aménagements verts, la montée en gamme des équipements permettent de faire connaître l'amélioration objective des conditions de vie. La réalité est que ces territoires intégrés à l'économie-monde aimantent les entreprises de l'économie tertiaire, de la recherche, de la logistique et du BTP (auxquelles il faut ajouter la concentration mécanique des sièges sociaux, des administrations et des universités) ; cette dynamique est donc moins portée par des politiques publiques que par la loi de l'offre et de la demande.

Les édiles locaux peuvent communiquer sur leur réussite, ils ne sont que les jouets du marché. En réalité, n'importe quel imbécile peut « diriger » une grande ville, puisque ici il n'est pas le pilote, au mieux est-il le copilote. Il est pourtant paradoxal de voir aujourd'hui tous les cadors de la politique, les pépites de la technostructure, se bousculer pour diriger une métropole (un territoire qui fonctionne tout seul), alors que les besoins et ressources humains et intellectuels se situent d'abord dans les espaces en difficulté, désindustrialisés et sans moyens, dans la France périphérique. Comment prendre au sérieux des élites politiques qui se battent pour représenter les territoires où justement le « politique » s'est effacé au profit du marché et qui refusent de servir les territoires où, à l'inverse, les attentes de politiques publiques sont les plus fortes ?

Le clonage urbain

Pour se convaincre du primat du marché sur le politique, il suffit d'observer ce que sont devenues les grandes métropoles occidentales. De New York à Paris, de Milan à Lyon, de Londres à Bordeaux, l'architecture des nouveaux bâtiments, l'offre commerciale et culturelle, les aménagements verts, la communication sont absolument identiques.

Sous toutes les latitudes, les métropoles ressemblent de plus en plus au village du *Prisonnier*[1]. Ces villages clonés forment un archipel[2] où l'on pense et où l'on vote à peu près à l'identique. Ce monde est celui de la reproduction, du conformisme, pas celui de la création, encore moins celui de la subversion. Le déplacement de métropoles en métropoles ressemble désormais à un voyage immobile. C'est le paradoxe : ces lieux qui se vendent comme ceux de l'« hypermobilité » sont devenus ceux du surplace, de l'enfermement, de la répétition, de la stagnation culturelle et intellectuelle.

Les médias et experts parlent souvent de contre-société en évoquant la dérive de certaines catégories

---

1. *The Prisoner*, série télévisée britannique dystopique diffusée à partir de 1967.

2. La notion d'« archipel métropolitain » a été introduite par le géographe Olivier Dollfus en 1994.

populaires tentées par le repli identitaire ou communautaire, mais cette dénonciation passe sous silence la véritable contre-société qui s'est structurée depuis les années 1980 à partir de la sécession des élites, des classes supérieures et des gagnants de la mondialisation. La métropole et ses dépendances en sont l'incarnation : entre-soi, homogénéisation et reproduction sociale, concentration des richesses et des emplois [1], mise à distance et abandon du bien commun.

Partout, ces métropoles barbares [2] accouchent des mêmes maux, des mêmes tensions, des mêmes inégalités. À l'exception des quartiers de logements sociaux, les classes populaires ont été éliminées de tous les espaces, y compris des stades de football où leur présence n'est désormais tolérée que dans les virages. La géographie sociale de ces arènes sportives est presque une métaphore de la société rêvée des élites : une majorité de catégories supérieures bien placées et une minorité de catégories modestes parquée et sous contrôle dans une ou deux tribunes. Une ville gentrifiée et des pauvres dans les quartiers de logements sociaux. Le rêve.

---

1. Entre 2006 et 2016, la croissance de l'emploi s'est concentrée sur neuf grandes métropoles (*Insee Première*, nº 1771, 2019).

2. Guillaume Faburel, *Les Métropoles barbares*, Le Passager clandestin, 2019.

Le cimetière de la gauche

Depuis un demi-siècle, toute la technostructure française a misé sur la métropolisation. Bizarrement, l'émergence de ce modèle urbain inégalitaire n'a pas fait débat en France. L'une des explications tient à l'habillage communicationnel et surtout politique qui a accompagné la promotion de ce modèle libéral au cœur de notre vieux système républicain et égalitaire français. Ni la droite ni encore moins les libéraux ne pouvaient remettre en cause frontalement ce modèle. Une politique inégalitaire imposée par la droite aurait inévitablement provoqué une violente réaction sociale. Le coup de génie fut de confier ce travail au camp du progrès social, celui de la défense des classes populaires, la gauche dite progressiste portée par la nouvelle bourgeoisie urbaine.

La métropolisation n'est qu'un business, un énorme business régi par la seule loi du marché ; le pire du capitalisme, muni de la meilleure agence de communication, la gauche.

Tout était en germe dès le début des années 1980, lorsque la gauche opéra son fameux virage libéral. Cet abandon de la question sociale, et in fine des classes populaires, s'est réalisé par étapes. Certains événements y contribueront. En 1983, les premières émeutes urbaines de l'agglomération lyonnaise offriront à la gauche la possibilité de justifier son adaptation idéologique. La substitution de la question sociale à des questions sociétales se réalisera au nom de l'antiracisme et de la défense de minorités [1]. Ce basculement annonçait l'adaptation du narratif socialiste, non pas à la société, mais aux dynamiques économiques et sociétales des grandes villes. Par glissements successifs, la gauche allait adapter son discours à la quintessence du modèle néolibéral qui était en train d'advenir dans les métropoles. Cette évolution qui consacre l'alliance idéologique entre libéralisme économique et libéralisme culturel [2] annonçait les victoires à venir des socialistes puis des écologistes dans ces bastions du capital détenus hier par la droite. À cet égard, on ne souligne jamais assez l'importance de l'élection de Bertrand Delanoë en 2001 à Paris, métropole la plus riche de France, au moment même où les classes populaires en étaient joyeusement chassées par les agents de l'embourgeoisement, ces fameux « bobos ». C'est en captant ce nouvel électorat, cette nouvelle bourgeoisie cool, que la gauche allait emporter Paris [3]. Mais gagner Paris, c'était évidemment perdre le peuple. Les victoires successives de

---

1. La marche des Beurs démarre en octobre 1983, SOS Racisme est créé en 1984.

2. Jean-Claude Michéa, *L'Empire du moindre mal*, Champs Flammarion, 2021.

3. Christophe Guilluy, « Les bobos vont faire mal », *Libération*, 8 janvier 2001.

la gauche dans toutes les villes métropolisées annonçaient son enfermement idéologique puis politique. Prisonnière de son ghetto métropolitain, la gauche se coupait définitivement de sa base sociologique traditionnelle, celle de la France périphérique. La métropolisation s'avérera être son cimetière.

S'appuyant sur le rouleau compresseur du marché et une emphase communicationnelle (la ville « ouverte », « verte » et « solidaire »), le modèle métropolitain s'est aujourd'hui imposé dans toutes les régions et provoque partout le même saccage social et environnemental.

Cependant, depuis quelques années, confortées par la contestation qui émane des habitants et des élus de la France périphérique, les critiques de la métropolisation se multiplient. Le modèle est de moins en moins attractif, y compris pour ceux qui y vivent, lesquels expriment désormais leur désir de quitter les grandes villes. Fragilisé et surpris par les Gilets jaunes, le gouvernement a lâché un peu de lest, et lancé des politiques de « rééquilibrage » en direction des petites et moyennes villes. Mais ces opérations s'apparentent plus à de la communication qu'à des politiques de fond. Dans les faits, les métropoles captent toujours l'essentiel des investissements publics. Pour mémoire, le budget « programme Action cœur de ville » pour la revitalisation de 200 villes [1] est d'environ 5 milliards sur cinq ans, quand celui du seul Grand Paris dépasse les 40 milliards. Un « pognon de dingue [2] » !

Acquise aux bienfaits du libre-échange, à la concurrence des territoires, la classe dirigeante ne changera pas de cap. Dès lors, comment prétendre combattre le séparatisme social et culturel en s'appuyant sur le modèle économique, sociétal et territorial qui en est la source ? Cette fuite en avant, ce laisser-faire, ces politiques qui fabriquent tous les maux que le système prétend combattre (désindustrialisation, précarisation, inégalités) privent peu à peu d'horizon la majorité ordinaire. Après la parenthèse des Trente Glorieuses, les classes dominantes et supérieures ont décidé de fermer boutique. Mais en silence. Et si possible en laissant croire qu'il y a encore de l'activité.

Un peu comme dans ces opérations cache-misère lancées par certaines petites villes où les vitrines de commerces fermés sont recouvertes d'affiches trompe-l'œil : ici une affiche fleurie vient

1. Programme Action cœur de ville, ministère de la Cohésion des territoires et des Relations avec les collectivités territoriales, 19 juillet 2022, https://www.cohesion-territoires.gouv.fr/programme-action-cœur-de-ville

2. Expression d'Emmanuel Macron, président de la République, en 2018. « La politique sociale, regardez : on met un pognon de dingue dans les minima sociaux, les gens ils sont quand même pauvres. »

« remplacer » le fleuriste, là une image de bibliothèque « remplace » une librairie.

En attendant, les métropoles achèvent de se débarrasser des classes populaires en continuant à communiquer sur leur ouverture. Dernière étape, le retour de l'octroi, au nom de la défense de l'environnement, bien sûr.

La cité interdite

En 2023, les véhicules à essence immatriculés avant le 1er janvier 2006, et les moteurs diesel immatriculés avant le 1er janvier 2011 seront interdits de circulation dans le Grand Paris. Lui emboîtant le pas, les grandes agglomérations françaises prévoient de bannir progressivement de leurs rues les véhicules les plus anciens. Lyon, Nice, Toulouse, Montpellier, Strasbourg, Rouen, Marseille… aucune métropole ne manquera à l'appel.

En 2025, une cinquantaine d'entre elles disposera de sa ZFE (zone à faibles émissions). Dans la plupart des métropoles européennes, ces restrictions sont déjà à l'œuvre. On pense notamment à Londres, qui a rétabli cet octroi depuis des années en installant un péage urbain à ses frontières pour les voitures les plus polluantes, ou à Bruxelles, qui a opté pour le paiement d'un forfait en ligne. De la même manière que la gentrification des quartiers populaires a été présentée comme une amélioration de l'habitat, ces mesures restrictives se déploient au nom de la lutte contre la pollution. L'observatoire de la santé d'Île-de-France indique notamment que la mise en place de ZFE permettrait d'éviter 80 décès par an dans la région (c'est précis !) et globalement de lutter contre l'asthme infantile chez les enfants. Pour des raisons environnementales et sanitaires, il faudra donc disposer demain d'une voiture récente si l'on veut accéder aux centres des métropoles.

Une politique qui risque de s'accélérer puisqu'on estime que, dans trois ans, 12 millions d'automobilistes seront contraints de remplacer leur véhicule trop polluant. Malgré les aides gouvernementales, ces nouvelles acquisitions (notamment pour les véhicules électriques dont le prix reste très élevé, dans un contexte d'absence d'offre sur le marché de l'occasion) resteront hors de portée de la plupart des catégories modestes.

Cette politique « verte » n'a jamais cessé d'accompagner le processus de recomposition sociale. D'ailleurs, la fameuse « journée sans voiture » (qui porte en germe le développement des ZFE) est née dans les années 1990, au moment où l'éviction des classes populaires montait en puissance. À l'époque, on évoquait seulement l'idée d'avoir un impact positif sur l'environnement, la qualité de vie et la santé. Les choses se sont accélérées au début des années 2000, quand la nouvelle bourgeoisie a pris le pouvoir politique dans les grandes villes.

Car cette politique répond à une inquiétude réelle des catégories supérieures, qui se plaignent sans cesse de la qualité de l'air, des nuisances sonores et des embouteillages provoqués par des gens qui ne vivent pas là. Ces demandes sont donc cohérentes avec une population qui soutient très majoritairement le développement des mobilités propres (dites « douces ») : voiture électrique, si possible en libre-service, vélos et trottinettes. Cet esprit village écolo d'ailleurs très favorable au renchérissement du patrimoine immobilier, bénéfice secondaire qui n'est pas négligeable et qui permet de maintenir à distance les plus modestes, sans avoir besoin de l'exprimer ni de l'assumer, trouve son aboutissement logique dans ce retour à une forme d'octroi à la frontière de ces fameuses « villes ouvertes ». Ce modèle, qui exclut « ceux qui roulent en diesel » (majoritairement les classes populaires) et bientôt « ceux qui fument des clopes [1] » (la consommation de tabac est de plus en plus un marqueur social : en vingt ans, si la part des fumeurs quotidiens est passée de 28 à

1. Expressions de Benjamin Griveaux, porte-parole du gouvernement, en 2018.

18 % dans les catégories supérieures, elle n'a pas baissé dans les catégories modestes, stagnant à 30 %), est celui de la ville sans le peuple.

Du mur de l'Atlantique aux murs de la ville citadelle, le paysage des classes populaires a radicalement changé. Cela ne pose pas seulement la question de l'argent mais aussi celle, plus fondamentale, d'une modification des perspectives de vie. Désormais, l'horizon est bouché pour la majorité des classes populaires qui vit de l'autre côté des murs, dans la France périphérique.

Le bouclage de la « cité » par de nouvelles frontières invisibles impacte la société populaire à un niveau qui dépasse les tableaux de bord sociaux de Bercy. En fermant la « mer » et en interdisant la « cité », c'est sa ligne imaginaire qui lui permet de se projeter qu'on brise.

Symboliquement, la « cité » est d'ailleurs de moins en moins fréquentée par les gens ordinaires, qui désertent élections, syndicats, partis et même associations [1]. Ces lieux de vie démocratiques sont désormais animés, construits autour et pour les catégories les mieux intégrées, celles qui bénéficient du modèle, et ce, quelle que soit l'alternance politique.

1. En 2016, 57 % des cadres supérieurs adhéraient à une association contre 33 % des ouvriers et 35 % des employés. Source : Insee.

Cette cité interdite est devenue celle du fonctionnement en réseau, où la reproduction sociale [1] est la norme, où l'école ne joue plus son rôle d'émancipation sociale, où les grandes écoles [2] semblent avoir effacé toute trace d'élèves issus de milieux populaires. Une société où les jeunes issus de milieux populaires s'habituent peu à peu à l'idée que ce monde-là n'est pas pour eux. L'horizon qui se brouille pour les classes populaires et la jeunesse issue de ces milieux, c'est ce constat que nous martelons depuis vingt ans [3] en expliquant que désormais, à catégories sociales égales, la mobilité des jeunes issus de milieux populaires est moins élevée dans la France périphérique que dans les métropoles [4]. Une réalité qui, malgré la mobilisation de quelques élus ou associations, a du mal à se rendre visible.

---

1. Selon l'OCDE, il faut six générations pour passer des classes populaires à la classe moyenne.

2. En 2016, les enfants de milieux très favorisés constituaient 73 % des effectifs de Sciences Po Paris ou de l'École normale supérieure de la rue d'Ulm, 89 % de ceux d'HEC et 92 % de ceux de l'École Polytechnique ; les enfants des milieux modestes représentaient moins de 8 % des effectifs de ces écoles (« Quelle démocratisation des grandes écoles ? », Institut des politiques publiques, 2021).

3. Christophe Guilluy, « La France périphérique délaissée », *Libération*, 1er octobre 2003.

4. Christophe Guilluy, *No Society*, Flammarion, 2018, p. 70.

Pourtant, les chiffres sont imparables. Les chances d'ascension sociale des individus d'origine populaire (soit les enfants d'ouvriers et d'employés) varient du simple au double selon les territoires de naissance. Il apparaît ainsi que c'est en Île-de-France que l'ascension sociale des classes populaires est la plus forte. En Seine-Saint-Denis, la mobilité sociale est supérieure à 40 %, alors que, dans l'Indre ou la Creuse, elle n'atteint pas 25 % [1]. En 2022, un autre rapport [2] venait une nouvelle fois confirmer cette évidence : les chances d'ascension sociale sont plus fortes lorsque l'on vit dans un quartier populaire de métropole (à proximité d'un marché de l'emploi dynamique et d'une offre scolaire pléthorique) que dans un territoire rural ou industriel de la France périphérique. Cette note de l'Insee précise d'ailleurs que « ceux qui ont le plus de chances d'améliorer leurs revenus comparés à ceux de leurs parents sont plutôt des hommes, des habitants de l'Île-de-France et bien sûr ceux dont l'un des parents est diplômé du supérieur. Surtout, il apparaît que les enfants d'immigrés ont, eux, une mobilité ascendante plus forte que la moyenne et que la mobilité ascendante est identique (19 %) en Seine-Saint-Denis et dans le riche département des

1. « La géographie de l'ascension sociale », note d'analyse de *France Stratégie*, n° 36, novembre 2015.

2. Michaël Sicsic, Insee, 19 mai 2022.

Hauts-de-Seine ». Tout cela n'est pas très nouveau puisque l'on constate depuis des décennies que les quartiers sensibles des grandes villes produisent de la « classe moyenne »[1], des ménages invisibles qui quittent ces quartiers dans leur phase d'ascension sociale. Cette dynamique est d'autant plus remarquable qu'elle s'est développée à un moment où le déclassement de la classe moyenne se généralisait. Toutes ces dynamiques ont déjà été analysées par les Anglo-Saxons, et notamment les Britanniques qui alertent depuis des années sur la dégradation de l'accès à l'université des jeunes Blancs de la *working-class* qui vivent dans l'Angleterre périphérique[2]. En France, ces thématiques commencent à émerger[3] mais se heurtent toujours à la difficulté d'une représentation sociale et géographique qui nie cette France populaire. Au rythme de la gentrification, la mobilité des jeunes, mais aussi celle des actifs de la France périphérique, se confronte désormais à l'obstacle de la cherté et de la rareté du logement dans les grandes villes. Loin du mythe de la mobilité pour tous, on assiste au contraire à

1. Christophe Guilluy, *Fractures françaises*, Flammarion, 2013.

2. « White working-class boys in England "need more help" to go to university », *The Guardian*, 10 mai 2018.

3. Salomé Berlioux, Erkki Maillard, *Les Invisibles de la République : comment sauver la jeunesse de la France périphérique*, J'ai Lu, 2020.

une forme de sédentarisation contrainte qui accentue de fait la baisse de la mobilité sociale et surtout l'impression que la société se ferme.

Cet horizon bouché conduit aujourd'hui de nombreux ménages à abandonner l'idée de retrouver un travail stable ou, pour certains jeunes, à renoncer à l'idée de faire des études. Beaucoup d'entre eux considèrent que « l'université, c'est trop difficile pour moi, je n'oserai jamais partir de mon village pour suivre une formation en artisanat qui serait pourtant mon rêve, ou encore Sciences Po. Ce n'est pas pour les enfants de la campagne [1] ». De leur côté, les grandes écoles, à l'image des métropoles où elles sont installées, poursuivent leur homogénéisation sociale, par le haut. Le sujet posé par ces dynamiques invisibles pour le monde d'en haut et déstructurantes pour le monde d'en bas dépasse la simple question de la mobilité sociale. Réduire l'avenir de la jeunesse populaire à un simple système mécanique de descente ou de montée est typique d'une approche exclusivement technocratique. La modélisation du destin des gens ordinaires à un ascenseur (ou un descenseur) fait partie d'un processus de négation de la richesse de

1. La présidente de l'association Chemins d'avenirs donne l'exemple frappant d'une classe de collégiens située à quarante minutes de Grenoble, mais dont plus de la moitié des élèves n'y est jamais allée.

la vie ordinaire. Cette représentation déshumanisée du bloc populaire passe à côté de l'essentiel : la question n'est pas d'abord de monter ou de descendre, mais de vivre décemment, c'est-à-dire être respecté culturellement, y compris en évoluant dans son milieu.

Cette réduction de la vie ordinaire à un problème « technique » (la dimension et la puissance de l'ascenseur) permet non seulement d'éluder la question globale de la place des classes populaires dans la société mais aussi de détourner le regard sur la responsabilité des classes supérieures (justement celles qui dissertent sur l'état de l'ascenseur) dans l'avènement d'un modèle qui exclut.

Cette mise à l'écart, ce déplacement du centre aux périphéries économiques et culturelles constitue le cœur de la violence sociale et culturelle que subissent les classes populaires ; une violence dont les auteurs ne sont jamais identifiés.

3.

L'empreinte sociale

Le décalage entre les faits et leurs représentations a rarement été aussi saisissant : le monde d'en haut se citadellise, mais promeut la société inclusive. Il nous explique que le pouvoir d'achat des gens ordinaires augmente quand bien même leurs revenus stagnent ou régressent. Il prétend se battre pour le service public et le modèle social tout en cherchant à le démanteler. Il prône l'égalité en favorisant un modèle inégalitaire, etc. Cette communication d'une réalité inversée interdit de remonter à la source, de désigner ceux qui rendent possible ce basculement.

En effet, cette transformation radicale de la société ne semble portée par aucun acteur, aucun responsable. Si, à raison, les ultra-riches et les multinationales sont parfois désignés, un silence gêné entoure tous ceux qui rendent possible ce mouvement qu'ils n'ont pas forcément initié : les catégories supérieures. Pour la première fois, les classes populaires font face à une nouvelle bourgeoisie qui n'assume ni sa position de classe ni encore moins les effets du projet qu'elle accompagne. Imprégnées par l'individualisme libéral et consumériste de l'époque, pratiquant depuis des décennies un discret évitement résidentiel et scolaire, les classes supérieures sont le plus souvent inconscientes de s'inscrire dans un véritable processus de sécession. Indifférentes au sort d'une majorité ordinaire qu'elles ne côtoient plus, confortées moralement par l'adhésion à un progressisme vague, elles perçoivent leurs choix politiques, économiques ou résidentiels au mieux comme positifs, au pire comme des choix neutres pour la société et les plus modestes. Repliée derrière des murs invisibles, la bourgeoisie cool et bienveillante n'a peut-être pas souhaité les effets du modèle, mais elle le cautionne. En réalité, elle est de fait coresponsable d'un bilan social parfaitement mesurable, mais qui ne donne lieu à aucun débat, à aucun bavardage télévisé.

La discrétion n'est pourtant pas ce qui caractérise cette nouvelle bourgeoisie. Les gagnants du modèle mondialisé s'expriment partout et tout le temps sur les chaînes d'info en continu, sur les écrans de cinéma, sur les réseaux sociaux. Ils parlent, parlent, parlent de tout, de la fin du monde, du monde d'après, de géopolitique, du vivre-ensemble, de démocratie, de fascisme, de la cueillette des champignons, d'euthanasie, de l'avenir de la gauche, de la droite, du centre… Ce bruit de fond ne cesse jamais et s'auto-alimente 24 heures sur 24.

Ce flux de paroles et d'images fait de temps en temps apparaître les classes populaires, dans le meilleur des cas comme des figures grotesques en voie de disparition, dans le pire des cas comme de déplorables représentants de la haine.

L'ensemble du show est contrôlé par la nouvelle bourgeoisie, des décors à la mise en scène en passant par le casting, où elle se réserve les plus beaux rôles.

Surjouant la posture du « progressiste » concerné par le sort de l'humanité, le bourgeois cool évoque régulièrement la nécessité de changer un modèle qu'il n'a de cesse de favoriser. Consommation, mobilité, inégalités… « Le changement, c'est maintenant [1] », dit-il. Mais le domaine dans lequel ce tartuffe excelle, c'est l'environnement. Et pour parfaire sa communication verte, il peut s'appuyer sur les chiffres. Sur ce plan, tout est mesuré, cadré, bordé, « tableau-de-bordisé ».

Écologiquement responsables, socialement irresponsables

Symptôme de la dérive technocratique, la statistique préfigure désormais tout débat. Elle conditionne le politique. Aucun élu local ne se risquerait

1. Slogan de la campagne de François Hollande de 2012.

aujourd'hui à initier la moindre politique publique sans un tableau de bord, le plus souvent réalisé par des experts, parfois des Lyssenko [1], très éloignés des territoires. Aujourd'hui, la modélisation est moins une aide à la décision qu'un formatage de la pensée.

C'est dans ce carcan chiffré que se love aujourd'hui le discours formaté de la bourgeoisie cool et verte. Ainsi est née l'« empreinte écologique ». Une empreinte qui permet de mesurer scientifiquement la pression exercée par la population sur la nature. En effet, cet outil calcule la quantité de ressources naturelles consommées par différents pays, personnes, collectivités ou entreprises. Il est complété par la mesure « empreinte carbone », c'est-à-dire la quantité de carbone émise par un pays, une personne, une collectivité ou une entreprise par sa consommation en énergie et en matières premières.

Armées de ces indicateurs, les classes dirigeantes et supérieures peuvent ainsi alerter sur la catastrophe écologique qui vient (qui est). Si, sur le

1. « Héros de l'Union scientifique », le généticien Trofim Lyssenko domina la biologie dans l'Empire soviétique durant le règne de Staline en promettant de sauver l'agriculture par des théories qui s'avéreront absurdes. Pour s'imposer, il étouffa tout débat scientifique en ostracisant ses adversaires et en faisant arrêter ou exécuter des scientifiques éminents. Les théories fumeuses de Lyssenko contaminèrent les milieux scientifiques en Europe de l'Ouest, notamment en France. Depuis, le terme lyssenkisme désigne par extension

fond, on peut souligner leur contradiction d'évoquer la nécessité de changer notre mode de vie tout en refusant de remettre en cause le modèle mondialisé qui favorise les principales sources du désastre écologique (libre-échange, déplacements maritimes des biens de consommation courante, explosion du trafic aérien ou du tourisme international), on doit saluer la volonté de s'interroger sur l'état de l'environnement.

Mais, à l'heure où tous les champs de l'existence semblent mesurés, où l'impact de chaque individu est suivi pas à pas, il existe encore et toujours un angle mort qui échappe à la modélisation, pourtant essentiel puisqu'il concerne le fonctionnement de la société tout entière : celui de l'impact social de la bourgeoisie. Si les catégories supérieures sont acquises à l'idée des dommages qu'elles peuvent causer à l'environnement, elles semblent en revanche étrangères à l'idée de leur responsabilité sociale. La responsabilité environnementale est partout, à l'école, au cinéma, dans l'entreprise, au supermarché. La responsabilité sociale nulle part.

Pour pallier cette insuffisance, ne serait-il pas temps de créer un label « socioresponsable » ? Sur le modèle du label « écoresponsable », qui distingue les produits et les services les plus respectueux de la

---

une science corrompue par l'idéologie, où les faits sont dissimulés ou interprétés de manière scientifiquement erronée.

planète, le sociolabel pourrait être attribué aux choix politiques, économiques, sociétaux ou résidentiels.

Pourquoi pas un sociolabel qui évaluerait l'impact d'une décision économique sur l'emploi des classes populaires ?

Un autre qui évaluerait l'impact de la dérégulation sur l'emploi industriel ?

Un autre encore qui évaluerait l'impact de l'achat d'un bien immobilier dans une zone tendue où l'offre de logement est inaccessible aux plus modestes ?

Un petit dernier qui évaluerait l'impact de l'évitement scolaire des classes supérieures sur le destin scolaire des plus modestes ?

Les thématiques ne manquent pas.

Au-delà de son intérêt pratique, cette mesure de salubrité publique permettrait peut-être de responsabiliser des classes supérieures toujours prêtes à dénoncer les ultra-riches, le CAC 40, jusqu'à la finance internationale pour les plus audacieux [1], mais qui sont rarement bavardes lorsqu'il s'agit d'évoquer leur propre influence.

On dénonce à juste titre le saccage de l'environnement ; ne serait-il pas temps de mesurer le saccage social de la société ordinaire ? De dresser enfin

1. « Il n'a pas de nom, pas de visage, pas de parti. Il ne présentera jamais sa candidature. Il ne sera pas élu. Mon véritable adversaire, c'est le monde de la finance. » Discours de François Hollande au Bourget, 22 janvier 2012.

le véritable bilan social et sociétal des classes supérieures ? Aujourd'hui, ce bilan est incomplet et opaque. Sur le modèle des grandes entreprises, ces catégories supérieures l'ont rendu illisible en effaçant leur empreinte sociale. En effet, pour détourner l'attention sur leurs responsabilités, elles accusent « le système », « les inégalités » et désignent un coupable consensuel : le 1 %.

La dénonciation ad nauseam de ce 1 % est aujourd'hui LE combat de la bourgeoisie. Subversive et radicale, elle se mobilise, comme Bill Gates, pour dénoncer le « 1 % des riches qui possède 40 % des richesses [1] » et le scandale des dix plus grandes fortunes mondiales (estimées à 1 500 milliards de dollars). Question rhétorique : qui ne trouve pas ça scandaleux ? En réalité, ce 1 % permet aux catégories supérieures de s'inclure dans la masse des exploités.

Experte dans la dénonciation facile des riches, la bourgeoisie dite progressiste ne se voit jamais en « haut ». Tout contre le pouvoir, elle se protège en se fondant dans la masse, celle des 99 % [2]. N'assumant pas sa position de classe, elle met en scène

1. Rapport sur les inégalités mondiales 2022, World Inequality Lab.

2. La dénonciation du 1 % est devenue la grande spécialité de la bourgeoisie de gauche. Pointe experte de la rebellocratie subventionnée (par l'État ou les grandes multinationales via les think-tanks), cette gauche vient d'être baptisée par

une lutte des classes factice qui oppose les 99 % au 1 %. La « classe unie » des 99 % réunit les individus au seuil de pauvreté (885 euros pour une personne seule), les classes populaires, les chômeurs comme les actifs, les ouvriers comme les cadres. Dans cet immense conglomérat, tout le monde est victime, personne n'est responsable, sauf les ultra-riches. Mais dans ce gloubi-boulga consensuel, une question essentielle n'est jamais posée : qui rend possible ce 1 % ? Qui rend possible la permanence du modèle ? Sauf à considérer que « le 1 % » est la majorité (ce qui serait tout à fait absurde, vous en conviendrez), on comprend mal comment une part aussi réduite de la population arrive à imposer son modèle et encore moins à gagner des élections.

Un simple coup d'œil sur la grille des revenus ou sur le patrimoine des ménages [1] permet de casser rapidement le mythe des 99 %. Car, s'il existe bien des perdants et des gagnants, ces derniers ne sont pas que les « ultra-riches » mais bien toutes les catégories supérieures. L'analyse des revenus mensuels pour l'équivalent d'une personne après impôts et prestations sociales (ce qu'on appelle le niveau de vie) permet de voir où se situe le 1 %. En 2018,

---

Jean-Claude Michéa la « gauche quatre-vingt-dix-neuf-pourcentiste ».

1. Rapport sur les inégalités en France, Observatoire des inégalités, 2021.

le 1 % des plus riches dispose de 6 651 euros par mois, les 5 % les plus riches de 4 090 euros et les 10 % les plus riches de 3 261 euros. Le seuil de richesse (le double du revenu médian) se situe à 3 542 euros. Cela signifie donc que la moitié de la population française dispose de moins de 1 771 euros par mois. Si l'on observe une autre échelle, celle des salaires, les 20 % les mieux rémunérés gagnent plus de 3 000 euros par mois. Quand les classes supérieures dénoncent le 1 %, elles se pointent du doigt. Autrement dit, les torquemadas du 1 % qui saturent l'espace médiatique sont statistiquement des « riches ». En réalité, et sans confondre ces classes supérieures avec les milliardaires de la Silicon Valley, il y a bien un groupe social qui bénéficie du modèle (20-25 % de la population) et un bloc majoritaire fragilisé, identifié depuis un demi-siècle par la plupart des indicateurs sociaux.

Ainsi, lorsque l'on parle « en général » du chômage, de la précarité ou de la pauvreté, on parle en fait d'abord du chômage, de la précarité et de la pauvreté des ouvriers et des employés. En 2019, quand 3,5 % des cadres supérieurs étaient frappés par le chômage, ce taux s'élevait à 9,2 % pour les employés, 9,3 % pour les ouvriers qualifiés et 17,7 % pour les ouvriers spécialisés. De la même façon, lorsque l'on parle d'emplois précaires, on parle là encore d'employés et d'ouvriers dont le taux de précarité atteignait respectivement 17,1 % et 21,9 % en 2019, contre 6,5 % pour les cadres supérieurs.

Maniant volontiers le brouillage de classe, les classes supérieures savent choisir leur camp lorsqu'il s'agit de décider des grandes orientations politiques. Du traité de Maastricht à l'adhésion au macronisme en passant par le référendum sur la Constitution européenne de 2005, elles votent toujours pour le modèle dominant. Un modèle qui, certes, permet aux riches d'être toujours plus riches, mais qui leur permet également de tirer leur épingle du jeu comme l'atteste leur patrimoine souvent acquis pour une bouchée de pain et valorisé grâce à la gentrification des territoires urbains (résidences principales) et littoraux (résidences secondaires).

L'acquisition et la fructification de ce patrimoine sont d'autant plus remarquables qu'elles sont intervenues à un moment où les classes moyennes et populaires se fragilisaient. Les classes « d'en haut » n'ont pas perdu de temps. En moins d'un demi-siècle de dérégulation, à l'ombre des ultra-riches, la nouvelle bourgeoisie a rattrapé l'ancienne. La valeur des surfaces, des lofts et autres maisons individuelles acquises dans les anciens quartiers populaires tutoie celle des hôtels particuliers. Si ce patrimoine est moins ostentatoire que celui de la bourgeoisie traditionnelle, il n'a rien à voir avec des châteaux en Espagne.

En 2018, le patrimoine net médian[1] (dettes déduites) s'élevait à 117 000 euros ; cela signifie que la moitié des ménages français possède moins que cette somme et l'autre moitié plus. Cette moyenne permet déjà de situer les propriétaires de logements dans l'ensemble des grandes villes françaises et plus généralement les classes supérieures. On estime ainsi que le patrimoine médian des ménages cadres supérieurs est de 219 000 euros (vs 37 500 pour les ouvriers, 25 300 pour les employés et 12 300 pour les ouvriers non qualifiés). Dit autrement, les classes supérieures disposent donc d'un patrimoine net médian neuf fois plus élevé que celui des employés[2]. D'heureux propriétaires qui complètent désormais leurs revenus en louant leurs résidences principales ou secondaires via Airbnb. Rappelons à ce titre que, si l'augmentation de résidences secondaires déstabilise l'offre de logements des plus modestes, elle contribue à une amélioration non négligeable des revenus des ménages les plus aisés, qui détiennent actuellement plus de 34 % du total. Leur ennemi est peut-être la finance, mais certainement pas le patrimoine !

1. Mesuré par ménage, le patrimoine comprend les propriétés immobilières, le capital financier et les actifs professionnels (définition Insee).

2. « En 2018, les inégalités de niveau de vie augmentent ». Revenu, niveau de vie et pauvreté en 2018, Insee, 9 septembre 2020.

Trente ans de métropolisation (donc de mondialisation et de financiarisation) auront permis à ces classes supérieures de se constituer un patrimoine inaccessible à la majorité ordinaire.

À bas bruit, les classes supérieures gagnent sur tous les tableaux. Surjouant la posture progressiste, niant sa position sociale dominante, la bourgeoisie ne se sent pourtant pas comptable des effets sociaux du modèle qu'elle plébiscite. De la même manière que son écologisme de façade fait oublier l'impact écologique [1] de son mode de vie, l'affichage de son ouverture à l'autre et son combat pour une société plus inclusive permet d'invisibiliser son impact social.

Tous les sujets relèvent en fait de la même ambivalence : imposer un modèle inégalitaire en s'offusquant de la richesse des ultra-riches, imposer la société multiculturelle en se protégeant de la diversité (un modèle auquel elle ne croit absolument pas, comme le montre sa recherche d'évitement résidentiel et scolaire), mettre en avant un écologisme radical (mais continuer à favoriser la métropolisation et un libre-échange mondialisé destructeur).

1. Déplacements en avion plus fréquents et promotion d'un modèle métropolitain qui endosse une grande responsabilité dans l'écocide actuel.

Le péril de la distanciation sociale

Mais au fond, il existe un fil conducteur : le refus de l'altérité sociale et une indifférence au sort des gens ordinaires. Aboutissement du processus, cette indifférence est caractéristique d'un groupe social qui ne s'inscrit plus dans l'affrontement de classes. Dans ce monde, le conflit entre les classes dominante (la bourgeoisie) et dominée (les catégories populaires) n'a plus de raison d'être, puisqu'elles ne se côtoient plus et qu'elles ne se voient plus ensemble.

Cette abstinence sociale du monde d'en haut qui conduit à la réduction des contacts intellectuels, culturels et physiques avec la majorité ordinaire a fabriqué des bulles géographiques et cognitives dans lesquelles l'entre-soi et la reproduction sociale sont désormais la norme. Dans ce monde parfait où ses sécurités sociale, culturelle et politique semblent assurées, la bourgeoisie n'a même plus besoin de s'opposer aux classes populaires.

Aujourd'hui, c'est la mise à distance de « l'autre » qui assure l'ordre social. Dans cette société qui n'en est pas une, les classes populaires ne sont pas des ennemies mais des oubliées. La nouvelle bourgeoisie est moins belliqueuse qu'indifférente au sort de la masse. Moins cynique qu'autocentrée sur ses préoccupations matérielles. Elle a en réalité cheminé tranquillement vers le *no society* de Mme Thatcher. Peu à peu, les gagnants du modèle économique, héritiers lointains d'une bourgeoisie éclairée, abandonnent les valeurs qui constituaient encore au siècle dernier le ciment d'une société cohérente, une société où les classes dominantes n'avaient pas fait sécession et travaillaient encore pour le bien commun ; une société où le conflit de classes était structurant et où les élites n'étaient pas systématiquement perçues comme des ennemis mais parfois comme des compagnons de route. Le Parti communiste d'hier est là pour nous rappeler que non seulement cette alliance était possible, mais également que les classes populaires n'ont jamais été dans une dénonciation des « élites » a priori.

Le refus de l'altérité sociale et l'indifférence aux gens ordinaires sont certainement ce qui définit le mieux les classes dirigeantes et supérieures d'aujourd'hui. Ils sont à l'origine du basculement de la société vers un nouveau monde où les interactions véritablement sociales se réduisent comme peau de chagrin. Car, si l'on devait choisir un seul indicateur du bilan et de l'empreinte sociale de la bourgeoisie, ce serait celui de la mise à l'écart des classes populaires.

Pendant la récente crise sanitaire, des mesures de distanciation physique, autrement appelée « distanciation sociale », ont été mises en place afin d'éloigner les individus les uns des autres. Visant à stopper ou ralentir le virus contagieux, cette politique a réduit les contacts par la fermeture des écoles et des lieux de travail et par des restrictions de déplacement. Les effets négatifs de ces mesures ont été abondamment commentés : solitude, dépression, atomisation, anomie et baisse drastique des interactions humaines qui font la société. Aujourd'hui, enfin sortis de la crise sanitaire, nous demeurons dans la société de la distanciation.

L'organisation territoriale, les murs invisibles, la captation du patrimoine, l'éviction des classes populaires des lieux du pouvoir économique et des représentations culturelles, tout nous montre que le monde d'après est déjà là. Ce monde de la « distanciation sociale », de la distance à l'Autre. À bien des égards, les classes populaires sont considérées comme porteuses d'un virus, celui de la remise en cause du modèle dominant ou, pire, celui de la haine. Un cordon sanitaire invisible (culturel, politique et géographique) s'est peu à peu mis en place.

Cet état social de la distanciation où les classes supérieures et les classes populaires ne se croisent quasiment jamais est, plus encore que le taux de chômage de ces dernières, l'indicateur le plus important, le plus parlant de l'empreinte sociale de la bourgeoisie.

Cet antimonde, qui refuse l'altérité sociale, dans lequel on signifie aux gens ordinaires qu'ils « ne sont rien [1] », qu'ils n'ont pas leur place, est le fruit d'un pacte faustien, signé dans les années 1980, de l'acceptation sans condition des logiques du marché, au prix de l'abandon du bien commun et des principes d'égalité. S'il s'est avéré matériellement payant, ce pacte a aussi dépouillé le monde d'en haut d'une forme de transcendance, de valeurs que portaient tout autant les bourgeoisies traditionnelle ou progressiste, de droite et de gauche. En se soumettant aux impératifs de la marchandise et uniquement à eux, les classes dominantes et supérieures ont abandonné tout ce qui fait sens dans une société (le bien commun, le service du public, la laïcité, la nation). Le bilan social est aujourd'hui sous nos yeux.

---

1. « Les gens qui réussissent et les gens qui ne sont rien » : phrase prononcée le 29 juin 2017 par Emmanuel Macron lors de l'inauguration de la Station F à Paris, le plus grand campus de start-up d'Europe.

II.

La brume

Refusant le moindre aggiornamento d'un modèle qui provoque pourtant des dégâts sociaux irréversibles, le monde d'en haut poursuit sa route en prenant soin d'éliminer les traces de ses dommages. À la manière des grandes entreprises pollueuses qui masquent leur empreinte environnementale par une communication verte et le financement de projets écologiques, il cherche à faire disparaître sa responsabilité derrière un récit factice. Du *greenwashing* [1] des multinationales au *socialwashing* des classes dominantes et supérieures, l'objectif est le même : effacer les empreintes et les preuves du délit. Cette subtile entreprise ne passe ni par une quelconque interdiction ni par la création d'une société Potemkine [2], mais

1. Technique de marketing utilisée par une organisation dans le but de se donner une image écologique trompeuse.

2. L'expression « village Potemkine » désigne un trompe-l'œil utilisé à des fins de propagande. En 1787, selon une

par la diffusion d'une brume artificielle qui modifie les contours du monde réel. Une partie de la réalité, celle des gens ordinaires, devient floue. Et dans cet air saturé et toxique, imperceptible, le saccage de la vie ordinaire se prolonge.

Nombreux sont les artisans qui participent à la création de ce nuage d'irréalité. La brume est médiatique mais également politique, culturelle, technocratique, académique. En fait, tout ce qui peut brouiller, complexifier, réduire la société à un amas d'atomes, de panels, d'individus, tout ce qui peut transformer le réel en smog est bienvenu.

Le discours politique, de plus en plus vague et vide de sens, s'ajointe parfaitement à cette forêt de nuages. N'ayant plus pour objectif de représenter la majorité ordinaire mais celui de protéger et de faire durer le modèle économique, la classe politique dirigeante semble s'être rassemblée dans un nouveau parti, le Parti de la brume. En France par exemple, le macronisme, ce parti du « en même temps », du tout et son contraire, de la droite ET de la gauche, du libéralisme ainsi que de l'étatisme, du « quoi qu'il en coûte », des injonctions contradictoires (leur sommet fut atteint pendant la crise

---

légende historique, de luxueuses façades en carton-pâte auraient été érigées en Crimée à la demande du ministre russe Grigori Potemkine, afin de dissimuler la pauvreté des villages lors de la visite de l'impératrice Catherine II.

sanitaire), de la dénonciation mais également de la fabrication des *fake news*, du monde d'après et de la fin du monde en est l'incarnation.

Les militants du Parti de la brume sont nombreux, en France et partout dans le monde. Contrairement aux siècles passés, les élites dirigeantes comptent moins sur les idéologies que sur cette ouate d'irréalité pour imposer leur modèle. La gouvernance mondiale ne passe plus par le politique et les idées, mais par cette brume. L'objectif n'est plus de convaincre, mais d'imposer un spectacle qui permettra de rester ferme sur l'essentiel : la préservation du modèle économique, du laisser-faire du marché. Le règne du faux, des masques, parfois du mensonge, du *washing* (green, social, diversitaire) nous fait basculer dans le grand récit d'un monde parallèle avec ses codes et ses représentations. Un monde où la société ordinaire, celle qui subit le saccage social et culturel, a disparu, engloutie dans la brume.

4.

Cinéma

Toutes les nations, tous les peuples se sont construits sur des histoires et des mythes. On parle d'ailleurs de récit et même de roman national. Tous les pays ont ainsi forgé leur identité à partir d'épisodes historiques, de légendes, d'ancêtres prestigieux, en occultant une part plus ou moins grande de la réalité. Le roman national états-unien, des Quakers (pères pèlerins) à l'*American way of life* promu par Hollywood, se concentre ainsi sur une histoire unique, celle des WASP (White Anglo Saxon Protestant). Occultant les présences autochtones, ce récit permet de présenter les États-Unis comme une puissance fondamentalement morale. En France, c'est l'école primaire qui se charge en partie, à la fin du XIXe siècle, de construire le récit national et d'unifier des régions aux langues et identités différentes (Bretagne, Occitanie, Pays basque, etc.), notamment en mettant en avant l'épopée de héros (de Vercingétorix à Napoléon) censés incarner une histoire glorieuse et exalter le patriotisme. Aux Pays-Bas, le récit national se construira en partie sur l'épopée économique des marchands des villes.

De son côté, l'historien israélien Shlomo Sand [1] montre comment la création d'Israël s'est fondée sur le récit mythique d'une population juive unie par une même origine, une même terre. Son travail pointe l'impasse de l'ethnocentrisme dans la construction du roman national et rejoint indirectement les réflexions de Marcel Gauchet pour qui « il n'y a pas d'origines, il y a des antécédents [...] et aucun historien n'est par exemple assez idiot pour donner une date de naissance au premier Français [2] ». L'historien et philosophe français remarque par ailleurs que la notion de « roman national » est malheureuse, puisque « toute histoire revêt la forme d'un récit, mais ce récit a la particularité de chercher à être vrai ».

C'est là un point essentiel : le roman national n'est pas qu'une fable qu'on se raconte pour se valoriser et/ou refuser de voir le réel. Il doit reposer sur des faits et des relations avec les autres pays. Il

1. Shlomo Sand, *Comment le peuple juif fut inventé*, Flammarion, 2018.

2. Marcel Gauchet « L'idée que le passé peut être remodelé à volonté est une idée totalitaire », *Le Figaro*, 20 octobre 2017.

s'incarne donc à travers une histoire humaine. En France, depuis une quinzaine d'années, les identités et récits nationaux n'ont cessé d'être débattus. La dernière fois, en 2016, c'est la nécessité de réécrire les programmes d'histoire qui fut évoquée. Ce débat s'enlisa en à peine quelques jours. Marcel Gauchet analysa cet échec par la volonté des débatteurs d'opposer un « ethnocentrisme du passé à un ethnocentrisme du présent [1] », en passant du roman national à la fable du multiculturalisme. Si ces empoignades intellectuelles sur les thèmes de l'identité et du récit nationaux débouchent régulièrement sur une impasse et réactivent le malaise démocratique, c'est notamment parce qu'elles occultent un point mort : la mise à l'écart des gens qui portent, incarnent et font vivre nos valeurs et nos modes de vie, à savoir les classes populaires.

Du récit au cinéma

Le récit national contemporain des pays occidentaux est moins perturbé par la diversité d'origine des populations que par l'invisibilisation de leurs blocs majoritaires. « Avec la mondialisation, l'axe de toutes les sociétés a basculé de l'histoire

1. Marcel Gauchet « L'idée que le passé peut être remodelé à volonté est une idée totalitaire », art. cit.

vers la géographie. On se définit désormais par la place qu'on occupe dans le monde, avec dans un premier temps l'oubli que cette place est fonction du passé[1] » ; un passé qui s'efface au rythme de l'invisibilisation de la majorité ordinaire, de son exode intérieur du centre vers les périphéries.

Cet exil intérieur, géographique mais également mental, a pris la forme d'une désaffiliation politique et culturelle massive. L'idée que « ce système n'est plus pour nous » s'est peu à peu diffusée à l'ensemble des milieux populaires.

Ce basculement anthropologique a libéré les classes dominantes, qui n'ont plus désormais à se référer à ceux qui incarnent le temps long. En effet, la spécificité du récit contemporain n'est donc pas seulement de ne plus promouvoir une histoire glorieuse, mais de construire un narratif libéré des contraintes de la vie ordinaire.

Puisque ce récit n'a plus besoin de faits vrais, la classe dominante peut alors remodeler la réalité, même s'en affranchir, et donner libre cours à un récit hors-sol. Du roman national au métavers, en passant par le « penser printemps » d'Emmanuel Macron, le monde d'en haut impose un récit désincarné dans lequel il peut imposer ses représentations, se regarder, et, à l'occasion, réécrire l'Histoire. Rien n'est jamais totalement faux, on

1. *Ibid.*

fonctionne sur des demi-vérités, on donne l'impression de traiter le réel, on a même lancé il y a quelques années la grande opération « anti-fake news » qui permet d'imposer délicatement le dérivé cool du ministère de la Vérité. L'objectif n'est pas d'imposer radicalement une idéologie, mais d'abord de donner l'impression de réalité. Ce narratif subtil et flou produit une brume quotidienne à travers laquelle la réalité devient imperceptible. Ce récit, guidé au fond par des logiques de marché, c'est du spectacle ; pas un spectacle vivant, mais un spectacle moral, un divertissement industriel, publicitaire – bref, c'est du cinéma.

Leur cinéma

La diffusion de l'idéologie dominante par les médias ainsi que sa critique ne sont pas nouvelles. Si tout le monde s'entend sur l'évidente propagande des régimes totalitaires, la critique du narratif des régimes démocratiques est plus ardue.

En 1974, dans ses *Écrits corsaires* [1], Pier Paolo Pasolini s'attaquait au pouvoir du média qui devenait dominant : la télévision. De nos jours, il suffit

1. Pier Paolo Pasolini, *Écrits corsaires*, Champs Flammarion, 2018. *Contre la télévision et autres textes sur la politique et la société*, Les Solitaires intempestifs, 2003. « La télévision, une des manifestations les plus tapageuses de cette culture

de remplacer le mot « télévision » par « réseaux sociaux » ou « chaînes d'infos » pour entrevoir la pertinence de l'analyse. « Il émane de la télévision quelque chose d'épouvantable. Quelque chose de pire que la terreur que devait inspirer, en d'autres siècles, la seule idée des tribunaux spéciaux de l'Inquisition. Il y a, au tréfonds de ladite "télé", quelque chose de semblable, précisément, à l'esprit de l'Inquisition : une division nette, radicale, taillée à la serpe, entre ceux qui peuvent passer et ceux qui ne peuvent pas passer : ne peut passer que celui qui est imbécile, hypocrite, capable de dire des phrases et des mots qui ne soient que du son [...]. Et c'est en cela que la télévision accomplit la discrimination néocapitaliste entre les bons et les méchants [...] Le bombardement idéologique télévisé n'est pas explicite : il est tout entier dans les choses, tout indirect. Mais jamais un "modèle de vie" n'a vu sa propagande faite avec autant d'efficacité qu'à travers la télévision. [...]. C'est justement parce qu'elle est purement pragmatique que la propagande télévisée représente le moment d'indifférentisme de la nouvelle idéologie hédoniste de la consommation [...] un puissant moyen de diffusion idéologique, et justement de l'idéologie consacrée de la classe dominante. À partir du

---

de masse que le capitalisme impose » : https://comptoir.org/ site de *La Revue du Comptoir*.

moment où quelqu'un nous écoute dans son téléviseur, il a envers nous un rapport d'inférieur à supérieur qui est un rapport effroyablement antidémocratique [...] C'est à travers l'esprit de la télévision que se manifeste concrètement l'esprit du nouveau pouvoir. Nul doute que la télévision soit autoritaire et répressive comme jamais aucun moyen d'information au monde ne l'a été. »

Pasolini n'imaginait pas alors la place que prendrait quelques décennies plus tard l'industrie des médias. Aujourd'hui, les détenteurs de la parole disposent d'une gamme presque infinie de supports, des plateformes de streaming aux réseaux sociaux, pour alimenter de manière permanente un narratif qui vise à justifier le modèle économique du marché, et son corollaire, la société de consommation. Cette puissance de feu médiatique est aussi une arme de destruction massive, notamment de la culture populaire. La parole est encore à Pasolini : « Aucun centralisme fasciste n'est parvenu à faire ce qu'a fait le centralisme de la société de consommation. Le fascisme proposait un modèle, réactionnaire et monumental, mais qui restait lettre morte. Les différentes cultures particulières (paysanne, sous-prolétarienne, ouvrière) continuaient imperturbablement à s'identifier à leurs modèles, car la répression se limitait à obtenir leur adhésion en paroles. De nos jours, au contraire, l'adhésion aux modèles imposés par le centre est totale et inconditionnée. On renie les véritables modèles culturels. L'abjuration est accomplie. On peut donc affirmer que la "tolérance" de l'idéologie hédoniste voulue par le nouveau pouvoir est la pire des répressions de toute l'histoire humaine. Mais comment une telle répression a-t-elle pu s'exercer ? À travers deux révolutions, qui ont pris place à l'intérieur de l'organisation bourgeoise : la révolution des infrastructures, et la révolution du système d'information. [...] Au moyen de la télévision, le centre s'est assimilé tout le pays, qui était historiquement très différencié et très riche en cultures originales. Une grande œuvre de normalisation parfaitement authentique et réelle est commencée et [...] elle a imposé ses modèles : des modèles voulus par la nouvelle classe industrielle, qui ne se contente plus d'un "homme qui consomme" mais qui prétend par surcroît que d'autres idéologies que celle de la consommation sont inadmissibles. [...] Les Italiens ont accepté d'enthousiasme ce nouveau modèle que leur impose la télévision [...]. Prenons un exemple : les sous-prolétaires, jusqu'à ces derniers temps, respectaient la culture et n'avaient pas honte de leur propre ignorance ; au contraire, ils étaient fiers de leur modèle populaire d'analphabètes appréhendant pourtant le mystère de la réalité. C'est avec un certain mépris effronté qu'ils regardaient les "fils à papa", les petits-bourgeois, dont ils se différenciaient, même quand ils étaient forcés de les servir. Aujourd'hui, au contraire, ils se mettent à avoir honte de leur ignorance : ils ont abjuré leur modèle culturel [...] [1]. »

Si Pasolini a parfaitement décrit le processus d'acculturation des classes populaires, il n'a pu assister à une entreprise encore plus insidieuse et radicale, celle de leur effacement du récit. Libérée du peuple, de ses demandes, de sa culture, la classe dirigeante a pu s'atteler à l'écriture d'un monde nouveau. Dans un paysage « dépeuplé », vierge, les champs du possible sont illimités : l'invention d'une nouvelle société et celle d'un nouveau peuple peuvent être envisagées.

La classe qui a le monopole de la parole peut ouvrir le spectacle ; le grand cinéma de l'irréalité peut commencer.

Tout cela semble déjà (très) lointain, mais un petit détour par la case « crise sanitaire » offre de parfaites illustrations de la construction et du fonctionnement de ce *storytelling*.

En mars 2020, la population française est confinée. Pourtant, il y a des histoires que l'on entendra plus que d'autres. Dès les premiers jours, les médias s'arrachent les « journaux de confinement » de Leïla

1. Pier Paulo Pasolini, « Défi aux dirigeants de la télévision », *Corriere della sera*, 9 décembre 1973.

Slimani[1] et de Marie Darrieussecq[2], donnent la parole à Brigitte Macron « éprouvée[3] » par la période, et questionnent intellectuels et experts sur ce moment suspendu et sur le sens de la vie. Des enquêtes de terrain viennent donner un peu de chair au tableau en interviewant des cadres supérieurs qui télétravaillent depuis leur résidence secondaire bretonne ou varoise. Occultant le fait que la majorité de la population n'est absolument pas concernée par cette nouvelle organisation du travail[4], les médias nous parlent de l'émergence d'un monde nouveau. La nécessité de tout repenser, les réflexions psycho-philosophiques sur le monde d'après se multiplient, et le cadre de ce monde d'après sera, sans surprise, les lieux de vie des catégories supérieures.

Comme dans la plupart des films français qui se déroulent en « province », la résidence secondaire

1. « Le journal du confinement », Leïla Slimani, *Le Monde*, mars 2020.

2. « Journal d'une confinée », Marie Darrieussecq, *Le Point*, mars 2020.

3. « Brigitte Macron éprouvée par le confinement », *Gala*, 27 mars 2020.

4. 60 % des télétravailleurs sont des cadres, alors qu'ils ne représentent que 20 % des salariés. En 2021, l'Insee précise qu'en moyenne, chaque semaine, 55 % des cadres ont télétravaillé, alors que ce n'était le cas que de 22 % des professions intermédiaires et de 17 % des employés qualifiés. Le télétravail était quasi inexistant tout au long de l'année chez les employés peu qualifiés ou les ouvriers.

du Parisien constitue le décor principal de l'action, tandis que la société ordinaire est en arrière-plan, on ne fait que la croiser (pourtant, pendant la crise sanitaire, elle a gagné le prix du « premier de corvée »).

Depuis des décennies, le récit du monde des prescripteurs d'opinion est celui de la bourgeoisie. L'entièreté du narratif « expert », médiatique, culturel, est travaillée, polie, par les mêmes milieux. Un récit multiforme qui contribue à imposer une représentation compatible avec le modèle dominant. Lorsque les think-tanks [1] (de gauche comme de droite), tous financés par le CAC 40 (de Terra Nova à l'Institut Montaigne en passant par la Fondation Jean-Jaurès [2]) travaillent, sous un vernis scientifique, à « rendre populiste le populaire », l'industrie de l'audiovisuel produit de son côté des films dans lesquels les classes populaires sont, aux mieux incarnées par des personnages misérabilistes, au pire moquées ou stigmatisées. Mais, dans chacun de ces récits, il s'agira de lire la société avec les lunettes déformantes d'une bourgeoisie acquise au modèle libéral inégalitaire. Tous les segments culturels de la société morcelée sont mis en avant, sauf les classes

1. Groupes de réflexion, laboratoires d'idées.

2. « Ces viviers où prolifèrent les experts médiatiques », *Le Monde diplomatique*, décembre 2019.

populaires traditionnelles. Comme le résume avec humour Éric Neuhoff[1], aujourd'hui « le pitch type du cinéma français, c'est un Érythréen unijambiste qui arrive à Marseille et qui couche avec une bourgeoise ». Un cinéma qui n'intéresse personne et se joue dans des salles vides, mais qui alimente à sa manière un grand récit dans lequel l'impact négatif du modèle des classes dominantes sur la vie ordinaire est tu.

Ce récit bourgeois s'articule sur deux niveaux : le spectacle produit par l'industrie du divertissement (Hollywood, audiovisuel public) ainsi que l'analyse dite « scientifique » produite par les « experts » (« think-tankistes », médiatiques ou académiques).

Netflix, Gaumont, *Plus belle la vie*, les grandes écoles, ou Terra Nova alimentent le même narratif, ils ont le même objectif : la création d'une société nouvelle, si possible déconstruite en panels et donc compatible avec les exigences du marché. En créant ce monde parallèle, le big business et la bourgeoisie se protègent l'un l'autre en alimentant la brume médiatique, ses débats et ses productions qui imposent un monde factice, aveugle à la réalité ordinaire.

C'est dans cette fabrique que se sont peu à peu imposées toutes les représentations marketing de la société tribalisée et morcelée que portent aujourd'hui les partisans du monde « éveillé » (*woke*). Ces

1. Éric Neuhoff, *(Très) Cher cinéma français*, Albin Michel, 2019.

soldats du libéralisme culturel (l'autre face du libéralisme économique [1]), pour la plupart issus de la bourgeoisie, bénéficient de la bienveillance du big business. D'Adidas à Disney, de McDonald's à Facebook, de Google à Uber, de LVMH à Ikea, aucune multinationale ne manque à l'appel pour aider à la production de ce narratif dont l'objectif final est moins la déconstruction que la création d'une réalité parallèle où l'impact social des choix économiques de la bourgeoisie est occulté. Influencé par cet esthétisme bourgeois, libéral et déconstruit, le récit du monde se confond désormais avec la chronique du virtuel.

Le transclasse, un rôle à Oscar

Comme au cinéma, l'objectif est d'entretenir l'illusion grâce à une mise en scène et à une distribution des rôles très précise, notamment de celui des classes populaires. Un rôle secondaire qui suggérera la réalité, mais sans jamais remettre en cause le modèle. La figure hugolienne du misérable peut donc entrer en scène. Acteur inconscient de la brume médiatique, lui qui réussit, contre vents et marées, à s'extraire de son milieu, est devenu

1. Jean-Claude Michéa, *Le Loup dans la bergerie*, Champs Flammarion, 2019.

incontournable. Son origine sociale, ses difficultés et in fine sa réussite permettent de crédibiliser le storytelling. Cette instrumentalisation du pauvre par la bourgeoisie n'est pas nouvelle, mais, dans une période d'évincement des classes populaires, elle apparaît comme une pièce maîtresse du spectacle.

C'est dans un célèbre discours prononcé en 1963 à Détroit que Malcolm X évoqua pour la première fois la figure du « nègre de maison », le domestique qu'il opposait au « nègre des champs », qui travaillait dans les plantations [1]. Cette appellation visait à critiquer ceux qui légitimaient indirectement la domination blanche et s'inscrivait dans le contexte très particulier du racialisme américain. Mais, si cette expression est radicale, elle pointe un processus universel, celui de l'instrumentalisation de l'exploité, du faible, du pauvre par les dominants. La figure du pauvre qui légitime l'ordre social est une vieille histoire, elle a été utilisée par tous les pouvoirs, par toutes les bourgeoisies, quelles que soient les époques. La nôtre ne fait pas exception. Aujourd'hui, de la figure du transclasse [2] à celle du pauvre pleurnichard qui tend la main, la figure misérabiliste et soumise des classes populaires est toujours de mise. Le pauvre de maison,

1. « Un inépuisable mythe en temps d'extrême adversité », *Le Monde diplomatique*, février 1993.

2. Chantal Jaquet, *Les transclasses ou la non-reproduction*, PUF, 2014.

celui qui pleure sa condition en légitimant le modèle qui pourtant l'appauvrit, sature nos écrans.

Il ne se passe pas un jour sans la diffusion [1] d'un témoignage poignant d'une « gamine » ou d'un « gamin » « qui n'avait pas les codes » mais qui, malgré tous les obstacles, a réussi à accéder au « salon [2] ». La larme à l'œil, les commentateurs n'ont pas les mots pour exprimer leur admiration pour cet écrivain, artiste, cuisinier, chef d'entreprise fraîchement débarqué du sous-sol. La mise en scène de cet individu issu du monde ouvrier (pour les plus vieux), de la banlieue ou de la France périphérique (pour les plus jeunes) permet de démontrer qu'avec un peu de courage, tout reste possible. Ce qui est frappant, c'est le timing de ce show. En effet, c'est au moment où l'ascenseur social tombe en panne, où le modèle méritocratique implose, où les classes populaires sont sacrifiées que l'on voit se multiplier ces exemples extraordinaires de la société ordinaire. Ces pantins qui permettent aux gagnants et aux soutiens d'un modèle destructeur de soulager un peu (quand elle existe) leur mauvaise conscience sont partout. Le message envoyé est très clair : la société est dure, inégalitaire, mais elle n'est

1. Dans la presse, dans un livre, à la radio ou à la télévision.

2. Expression de l'écrivain Jack London qui désigne le monde d'en haut.

pas fermée, tout est possible avec un peu de volonté (« quand on veut, on peut »).

Phénomène de foire du barnum médiatique, la figure du transclasse s'insère parfaitement dans ce récit audiovisuel américanisé des représentations du monde d'en haut. Car la mise en vitrine du *self-made man* est quand même une vieille ficelle du monde anglo-saxon.

Cette figure du transfuge de classe est une création de la bourgeoisie pour la bourgeoisie, qui alimente un marché (presse et édition) dont les lecteurs restent très majoritairement issus des catégories supérieures, actifs ou retraités (le combo sociologique gagnant du macronisme). Cette bourgeoisie, qui a fait sécession du monde d'en bas, et qui diabolise systématiquement la contestation populaire quand elle s'exprime dans la rue ou dans les urnes, a les yeux de Chimène pour le parcours de ces « gamins qui ont réussi ». (Notons la référence permanente à l'enfance qui suggère l'infantilisation de ces marionnettes.)

Dans ce jeu de rôle, l'adoubement de l'individu ordinaire est conditionné à l'adhésion aux codes du salon, à sa culture et à ses valeurs : tapis rouge pour le transfuge de classe qui, tout en surjouant son attachement au « bas », condamnera l'intolérance, l'homophobie, le racisme, la bêtise de son milieu d'origine, évidemment frappé d'anomie et au sein duquel la déglingue sociale et culturelle est la norme. Ce tableau sera opportunément complété de petites touches « sensibles », « psychologiques » ou dramatiques qui évoqueront la souffrance, la douleur, et toujours l'humiliation : papa trimait pour un salaire de misère, maman faisait des ménages, sœurette se drogue et p'tit frère est en prison. Entre dolorisme et remake d'*Affreux, sales et méchants*[1], il sera fait peu de cas de la *common decency*[2] et encore moins de l'idée que naître dans un milieu populaire peut aussi être une chance, que l'on peut y faire sa vie et s'y épanouir. Avant d'expliquer aux jeunes issus de milieux populaires que « si tu n'as pas intégré le salon à 50 ans, tu as raté ta vie », ne serait-il pas utile au contraire de valoriser la force et la richesse de la culture populaire ? Avant de mettre en avant la figure marginale du self-made man, ne pourrait-on pas au contraire expliquer aux « gamins » qu'on peut naître, vivre et mourir dans un milieu populaire et réussir sa vie ?

1. Le film italien *Brutti, sporchi e cattivi*, réalisé par Ettore Scola et sorti en 1976, raconte la vie quotidienne d'une famille dans un bidonville de Rome. Une vingtaine de personnes – parents, enfants, leurs conjoints ou amants, petits-enfants et la grand-mère – s'entassent dans un sordide taudis, vivant de larcins et de prostitution, sous l'autorité tyrannique du patriarche borgne, avare et violent.

2. Expression de George Orwell qui signifie « décence commune ».

Par ailleurs, on peut se demander à quoi sert ce « dégueulis du privé [1] », si ce n'est à cautionner le récit d'une société qui a abandonné le bien commun et, in fine, à adouber un modèle fondé sur un individualisme bourgeois parfaitement adapté aux besoins du marché ? L'individu extraordinaire issu du monde ordinaire est d'abord, et surtout, un personnage prompt à jouer le jeu social auquel il est assigné, ce qui révèle souvent moins son courage que son conformisme. Et après tout, s'il est si difficile pour ce héros moderne de fréquenter le salon, pourquoi embarque-t-il dans cette galère ?

On évoque souvent Jack London comme une sorte d'incarnation du transfuge de classe, du parcours individuel qui défie les logiques de reproduction sociale. La bourgeoisie s'est d'ailleurs entichée de son roman autobiographique, *Martin Eden*, dans lequel elle a cru percevoir la volonté d'un homme d'intégrer le haut de la société, une grande aventure de self-made man, et donc en filigrane l'illustration de sa propre ouverture d'esprit. Un contresens parfait. La puissance de ce roman repose en réalité dans sa critique radicale d'une bourgeoisie individualiste guidée par l'argent. Ce refus du salon et de ses valeurs, Jack London l'exprimera

1. Expression d'Alain Finkielkraut.

notamment dans *Ce que la vie signifie pour moi* [1], une brève autobiographie dans laquelle il raconte comment et pourquoi il est « monté au salon pour voir », qu'il a vu et qu'il en a tiré un triste bilan. Amer, il compare la médiocrité du monde d'en haut à la supériorité des valeurs de la société populaire, du « monde sauvage ». Transclasse repenti, le romancier américain a en réalité fait imploser le récit et l'idéologie des classes supérieures.

Si la figure du transfuge de classe cautionne et alimente le récit des classes dominantes, celle du repenti le fait complètement imploser. Ces transfuges-repentis existent, mais ils sont rares ; aussi rares que les poissons volants. J.-D. Vance est un poisson volant. Parue en 2016, en pleine campagne de Donald Trump [2], son autobiographie *Hillbilly Elegy* offrait aux élites américaines une explication rationnelle et finalement rassurante de la victoire du candidat républicain. Pour les médias, qui n'avaient pas perçu la fragilisation sociale et culturelle de la *working-class* blanche de l'Amérique périphérique (située entre les deux côtes et à l'extérieur des métropoles), ce texte est une révélation. Vendu à plusieurs millions d'exemplaires, fêté par l'intelligentsia progressiste, adapté en film pour Netflix

1. Jack London, *Ce que la vie signifie pour moi*, paru en 1906, Les Éditions du Sonneur, 2015.

2. « États-Unis : Vance, le "Hillbilly" de Trump dans l'Ohio », *Le Figaro*, 12 mai 2022.

et oscarisé [1], il raconte la fin d'un monde, celui des « hillbillies », ces petits Blancs pauvres des Appalaches, frappés par la désindustrialisation, amochés par le chômage et décimés par l'abus des médicaments opiacés. C'est précisément cette « fin de partie », cette destruction, certes poignante, mais définitive, de catégories inutiles qui a rassuré les élites. Les « déplorables » ont bien perdu la partie, leur culture est inadaptée, et ce livre est leur chant du cygne.

En effet, la fin de la *working-class* s'inscrit parfaitement dans le récit de la classe dominante et médiatique américaine. Le personnage de J.-D. Vance aussi. L'auteur coche toutes les cases du self-made man. Parfait transfuge, il s'est extrait de son milieu, a gravi tous les échelons et, après un passage à Harvard, s'est même enrichi dans la Silicon Valley. Ce parcours exemplaire illustre la pertinence du modèle méritocratique mais aussi économique. Vance apportera même son soutien à Hillary Clinton en s'opposant à Donald Trump, qu'il compare à l'héroïne : « Il permet à certains de se sentir mieux pendant un moment. Mais il ne peut pas guérir ce qui leur fait mal, et un jour ils s'en rendront compte », écrit-il en 2016 dans *The Atlantic* [2]. Épousant les

---

1. *Une ode américaine*, réalisé par Ron Howard et sorti en 2020, a reçu l'Oscar de la meilleure actrice dans un second rôle pour Glenn Close.

2. Vance, art. cit.

valeurs dominantes de la bourgeoisie progressiste et rejetant sa culture d'origine, il reçoit logiquement l'onction de l'élite.

Mais, six ans plus tard, le héros opère un revirement radical. Il se présente aux élections sénatoriales sous l'étiquette républicaine et reprend même les thèmes de Donald Trump (délocalisations, critique des médias), accuse Joe Biden de favoriser l'immigration clandestine et le trafic de Fentanyl, cette drogue de synthèse qui fait des ravages [1]. Pendant sa campagne, il explique ainsi son revirement : « Je n'ai pas aimé Donald Trump en 2016, comme beaucoup de républicains, la différence entre eux et moi, c'est que j'ai l'honnêteté d'admettre que j'ai eu tort [2]. »

La question n'est pas ici d'examiner la cuisine politique et les stratégies électoralistes d'un candidat qui s'adapte à un électorat, ni de savoir si Trump a tort ou raison, mais d'analyser la réaction des médias et de l'intelligentsia qui hier portait aux nues J.-D. Vance pour le clouer au pilori aujourd'hui. Ce qui est intéressant, c'est ce revirement

1. La crise des opiacés, déclenchée par la promotion incisive et la surprescription de médicaments antidouleur très addictifs, a fait plus de 500 000 morts par overdose aux États-Unis depuis vingt ans. « Quatre laboratoires, accusés d'avoir alimenté la crise des opiacés, prêts à payer 26 milliards de dollars pour solder les litiges », *Le Monde*, 21 juillet 2021.

2. Vance, art. cit.

radical qui illustre à merveille la fonction de ces transfuges. Repenti, refusant les codes de la classe dominante, son histoire ne s'intégrant plus au récit, le transclasse n'intéresse plus. Au-delà de cette réaction prévisible, le parcours de Vance rappelle celui de London. Il a joué le jeu, il a incarné la mythologie de la réussite américaine, s'est intégré à l'élite, a adopté leurs valeurs pour finalement les abandonner.

Comme London il y a un siècle, Vance a cherché à épouser tous les codes moraux et culturels d'un milieu qui n'était pas le sien pour, in fine, considérer que les valeurs portées par son milieu d'origine étaient supérieures à celles du « salon ». La mesure de la déception de Vance est certainement moins profonde et peut-être moins sincère que celle de London, mais elle illustre parfaitement les limites du rôle que le transclasse doit jouer : celui d'un individu qui non seulement cautionne le modèle et le narratif dominant, mais qui doit surtout présenter sa culture d'origine comme faible et dépassée ; des limites qui ne tolèrent aucune improvisation, aucun écart culturel.

Le règne de la pleurniche

C'est dans ce carcan culturel rigide et limité que se joue aujourd'hui l'expression autorisée des classes populaires. La mise en scène du pauvre qui réussit illustre ce qu'on attend d'elles. Ce personnage émouvant et inoffensif, c'est celui de la victime éternelle, et c'est le rôle secondaire qui leur est attribué.

Quand elle est évoquée par les grands médias, la question sociale n'est jamais traitée comme une conséquence des choix des élites dirigeantes, mais comme une immersion dans le monde hugolien de Jean Valjean et de Cosette.

Cet univers permet de réduire la question sociale à l'émotion ou, pour être plus clair, la pleurniche. Aujourd'hui, le traitement des sujets sociaux par les médias passe systématiquement par cette case « émotion ». On se souvient de la manière dont l'insurrection des Gilets jaunes, après avoir été dans un premier temps diabolisée, avait peu à peu abouti à un traitement misérabiliste des gens qui la composaient. Des maires ruraux désespérés, des retraités miséreux, des Mères Courage célibataires, des salariés pauvres furent autorisés à parler, non pas du modèle qui les broie, des inégalités qui explosent, de l'injustice sociale insupportable, mais exclusivement de leur misère, si possible en tremblant du menton.

Ces « moments de télé » s'achevaient en général par une séquence « générosité » (en point d'orgue, le show présidentiel du « grand débat ») : le pouvoir promettant, la main sur le cœur, de régler ces scandaleuses situations personnelles en signant des chèques. Pleurniche donc et, dans le même temps, réaffirmation de l'ordre social, par la quémande de subventions et d'aides sociales au pouvoir en place.

Tout cela n'est pas nouveau. Depuis le virage libéral des années 1980, la représentation lacrymale des classes populaires semble résumer la question sociale.

Car la pleurniche n'est pas l'apanage de la France périphérique, elle est également au cœur de l'expression autorisée des banlieues. En quelques années, le misérabilisme médiatique a ainsi réussi l'exploit de réduire ces grands bastions historiques des luttes ouvrières du Parti communiste à un tout petit bureau des pleurs.

Dans un scénario parfaitement rodé, le plus souvent après quelques jours d'émeutes, des journalistes émus tendent leurs micros à ceux qui voudront bien nous expliquer qu'ici « il n'y a rien », « ni présent ni avenir ». Pendant la crise sanitaire, le préfet de Seine-Saint-Denis ira encore plus loin dans la surenchère misérabiliste en évoquant le risque d'« émeutes de la faim ». Il faut dire que ce département est devenu une sorte de mètre étalon de la représentation lacrymale des classes populaires en France. Et peu importe la réalité.

Peu importe par exemple que la situation économique et géographique du 93 ait complètement changé. Du fait de la métropolisation et de l'extension géographique de l'aire urbaine, la Seine-Saint-Denis n'est plus à l'écart du système économique francilien mais au contraire en son centre, au cœur du marché de l'emploi le plus actif du pays, d'une des plus riches métropoles du monde. Ce département est inséré dans les rouages de l'économie et accueille les plus grands sièges sociaux – encore mieux, il « produit » de la classe moyenne depuis des décennies. Cette catégorie en phase d'ascension sociale n'est évidemment pas visible puisqu'elle quitte le plus rapidement possible les quartiers gangrenés par la violence et les trafics, mais elle prouve que vivre au cœur d'un marché de l'emploi dynamique offre mécaniquement des opportunités. En réalité, la Seine-Saint-Denis répond parfaitement aux exigences libérales, en pourvoyant le marché de l'emploi métropolitain d'une main-d'œuvre bon marché sans cesse renouvelée. Loin de l'image médiatique, elle apparaît comme la pointe avancée du modèle capitaliste mondialisé dans lequel la mobilité est très forte.

En effet, comme tous les quartiers des grandes villes dits « sensibles » (ce n'est pas le cas des quartiers situés dans les villes moyennes ou petites dont les taux de pauvreté sont beaucoup plus élevés), ce département est un « sas » que l'on quitte beaucoup (les ménages insérés dans le marché de l'emploi) et dans lequel on arrive beaucoup (immigrés internationaux légaux et clandestins).

Cette « fonction sas », où les « un peu moins précaires » sont en permanence remplacés par des ménages « encore plus précaires », explique son portrait social : le « stock » de pauvres et de chômeurs y est sans cesse renouvelé. Elle n'est pas une anomalie, elle répond au contraire aux exigences du marché, y compris aux exigences de l'économie informelle (en Seine-Saint-Denis, le chiffre d'affaires du trafic de stupéfiants est estimé à un milliard d'euros [1]). Fer de lance du capitalisme mondialisé et de son modèle sociétal (le modèle communautaire), mais dont l'administration est sous-traitée par des élus « anticapitalistes » (de gauche ou d'extrême gauche), ce département est aussi la quintessence d'un modèle où l'argent, le marché, y compris illégal, est roi. Il illustre également le rôle que les élites dirigeantes veulent faire jouer aux classes populaires : celui d'acteurs atomisés ou, encore mieux, communautarisés, qui ne s'exprimeront dans l'espace public et politique que pour revendiquer en pleurnichant de nouveaux droits à condition de ne jamais remettre en cause l'ordre dominant.

En réalité, des Gilets jaunes aux émeutiers de cités, des maires ruraux aux élus banlieusards, on ne demande qu'une seule chose aux classes populaires : pleurnicher devant les caméras sans jamais remettre en cause le modèle qui les sacrifie socialement.

---

1. « Saint-Denis Connection », *Les Échos*, 9 avril 2016.

Elles sont gentiment invitées à abandonner un bien précieux : leur dignité. Ce hara-kiri culturel d'individus qui racontent à quel point ils n'ont rien, à quel point ils ne sont rien [1], vient achever le processus de déconstruction du monde populaire.

S'il n'y a aucune honte à être pauvre, il n'y a pas non plus de fierté à l'être. Quel mécanisme peut bien conduire des individus à cet exhibitionnisme, si ce n'est la pression du show télévisé scénarisé par les classes supérieures ?

Dans la vie réelle, les gens ordinaires cherchent au contraire à préserver leur dignité et instrumentalisent rarement leurs difficultés. C'est au registre compassionnel de la bourgeoisie qu'appartient cette mise en scène indécente de la pauvreté. Hier catholique, aujourd'hui progressiste ou de gauche, la classe dominante assied sa supériorité morale et légitime sa domination en substituant cette figure faible et larmoyante du pauvre au bloc populaire solide. L'insistance ridicule avec laquelle experts, journalistes, politiques, producteurs et réalisateurs de cinéma décernent à la Seine-Saint-Denis la médaille glorieuse du « département le plus pauvre de France » est typique de ce paternalisme petit-bourgeois. Finalement, cette rhétorique permet de réduire les habitants de ces territoires à de simples consommateurs de biens et de prestations sociales,

1. En cela bien aidés par le macronisme, cf. note 1, p. 70.

en occultant les travailleurs ordinaires qui vivent dans ses quartiers. Des gens ordinaires qui ne se reconnaissent pas dans ces représentations larmoyantes et encore moins dans celle du « jeune rebelle » que les médias adorent mettre en avant. Fantasmée par la bourgeoisie progressiste, cette figure horripile le travailleur ordinaire immigré, exaspéré par les délinquants qui pourrissent sa vie et celle de ses enfants.

Mais, pour les prescripteurs d'opinion, la réalité de la France périphérique, là où se concentrent les quartiers les plus pauvres de l'Hexagone et où la précarité s'est incrustée au rythme de la dégradation du marché du travail, n'a pas plus d'importance. Qui se soucie par exemple de la situation des quartiers de logements sociaux à Saint-Dizier ? Certainement pas les experts médiatiques et encore moins le show-biz, qui ne sauraient placer cette ville sur une carte. Pour leur information, qu'ils sachent que Saint-Dizier est une commune de 25 000 habitants, située dans le département de Haute-Marne, en région Grand Est, à mi-chemin entre Paris et Strasbourg. Savent-ils par ailleurs que les départements d'outre-mer sont les plus pauvres de France [1] ? Que des pauvres vivent aussi dans l'Aude, le Pas-de-Calais ou le Cantal ? Ils seraient

1. *Insee Première*, n° 1804, juillet 2020.

très certainement surpris d'apprendre que, dans les zones rurales pauvres, on sous-utilise les prestations sociales [1].

L'apitoiement et l'exhibitionnisme social s'emboîtent impeccablement dans une société où la victimisation est devenue la norme, presque LA condition de l'existence. Dépossédé de sa dignité, l'individu ne se définit plus par ce qu'il est mais par une représentation victimaire dictée par les besoins du marché. Dans ce cadre, l'individu n'assume plus le principe de réalité et n'est plus responsable ni de ses actes ni de son destin, il se définit par le produit des agressions sociales ou culturelles qu'il subit. Dans ce panel infini de victimes paranoïaques, l'origine miséreuse des individus devient elle aussi un capital social et médiatique. « Papa est ouvrier ou chômeur », « Maman est femme de ménage ou nounou », j'ai donc droit à la reconnaissance, à la compassion et peut-être même à des réparations. Une rente lacrymale à vie et pour plusieurs générations peut-être ? « Mon arrière-grand-mère ne mangeait pas à sa faim », « mon grand-père faisait les trois-huit », j'ai droit à quelque chose, à ma minute de gloire sur une chaîne info ?

---

1. « Les dispositifs zonés de soutien du développement économique et de l'emploi dans les territoires », Inspection générale des finances, IGAS, juillet 2020.

Humiliante et abjecte à bien des égards, cette mise en scène permet de scénariser le « social » sans se préoccuper du fond. Comme le greenwashing des multinationales les plus pollueuses, ce « social washing » permet de remplacer les revendications sociales par une surenchère victimaire finalement peu coûteuse.

Cette instrumentalisation rappelle celle des fameux « héros du quotidien » que les médias nous demandaient d'applaudir pendant la crise sanitaire. Ces soignants, caissières, livreurs, éboueurs et autres petites gens ont même eu droit à leur moment de gloire grâce au titre de « premiers de corvées » du système. Le traitement compassionnel de leurs conditions de travail occultant la question sociale, cette apparition médiatique n'a débouché sur aucune revalorisation salariale et encore moins sur une remise en cause du modèle sanitaire ou économique.

Entre misérabilisme et pleurniche, la brume compassionnelle complète le tableau d'une majorité ordinaire faible et geignarde. Mais ce glorieux portrait des classes populaires est incomplet, il y manque encore un élément essentiel : suggérer que cette majorité n'existe pas.

5.

« *There is no majority* »

En mai 2019, Mark Zuckerberg débarque à l'Élysée. Le fondateur de Facebook y est reçu en chef d'État par le président Emmanuel Macron, dont l'obséquiosité ne laisse pas vraiment de doute sur qui est le patron et qui est l'employé. Ce tapis rouge déroulé au roi de l'algorithme américain illustre l'importance croissante du numérique dans la gestion politique.

La modélisation, cette réduction de la société à deux valeurs informatiques binaires (le « 0 » et le « 1 »), agit comme un acide sur la réalité humaine.

La langue de l'invisibilisation

Pas un domaine n'est épargné. Par exemple, la géographie, que l'on dit « humaine », celle qui analyse les interactions de l'homme et de son milieu ou, comme l'écrivait Pierre George, « les rapports réciproques entre des groupes de population et de leurs œuvres [1] », subit la même « déshumanisation » en devenant un outil d'analyse des « territoires ». Les experts en technostructure parlent désormais d'« ingénierie territoriale ». La dimension humaine a fait place aux statistiques, tableaux de bord et autres cartes anamorphosées. Un cadre déshumanisé dans lequel les œuvres géographiques d'un Vidal de La Blache, d'un Élysée Reclus ou d'un Edmond Bernus n'ont plus leur place [2]. Quel lien pourrait-il exister entre cette littérature et la pratique contemporaine qui se limite aujourd'hui à modéliser des territoires ?

Ce langage crypté et technocratique permet de complexifier tous les sujets, même les plus simples, en les rendant inaccessibles : le travail, le logement, la sécurité, les rapports avec les élus, le mode de vie dans son quartier ou sa commune. Hier, toutes ces thématiques de la vie quotidienne étaient maîtrisées, comprises par la majorité ordinaire, les gens

---

1. Pierre George, *Dictionnaire de la géographie*, PUF, 1984.

2. Vidal de La Blache (1845-1918), auteur notamment du *Tableau de la géographie de la France*, La Table ronde, 1994. Élysée Reclus (1830-1905), auteur notamment de *Histoire d'un ruisseau*, Babel, 2005. Edmond Bernus (1929-2004), auteur notamment de *Touaregs, un peuple du désert*, Grandvaux, 2007.

n'avaient pas besoin d'un éclairage extérieur pour comprendre leur réalité. Aujourd'hui, les questions les plus basiques ne sont plus traitées par des élus ou des habitants mais déléguées à des techniciens, des cabinets d'experts, des spécialistes qui rendent incompréhensibles ce qui était clair hier. En envahissant tous ces domaines de la vie ordinaire, le verbiage technocratique prive inéluctablement les individus mais aussi les élus locaux de la parole. Cette dépossession sémantique est particulièrement aboutie dans le domaine économique, et elle a par ailleurs atteint un point de non-retour dans le champ géographique. En réduisant les existences au simple mot de « territoire », la brume technocratique et académique peut évoquer le « social » à sa manière, en enfilant des gants blancs, en parlant par exemple de « quartier populaire ». Aseptisé, déshumanisé, technocratisé, le « populaire » devient le « quartier populaire ». Il est assez croustillant d'entendre des élus se présenter comme les représentants de ces « quartiers populaires » et ainsi emprunter le langage typique de la technocratie bourgeoise. Notons à ce titre que les habitants de ces « quartiers » sont complètement hermétiques et indifférents à ce discours techno-politique : preuve en est leur niveau d'abstention aux urnes. Aux élections législatives de 2022, la NUPES [1], qui, quoi qu'en

1. Nouvelle Union populaire écologique et sociale.

dise son acronyme, attire moins de « populaires » que de cadres, professions intermédiaires et diplômés [1], a réussi le grand chelem dans les « quartiers populaires » de Seine-Saint-Denis mais dans l'indifférence de ses habitants. Dans certaines circonscriptions du département, l'abstention a parfois dépassé les 75 % ; certains heureux députés ont été élus avec moins de 10 % des inscrits [2], ce qui ne les empêche pas de mettre en avant le label « quartiers populaires ».

Cette stratégie qui vise à réduire la vie ordinaire à un « territoire » n'est pas propre aux banlieues, les Gilets jaunes furent très rapidement associés à une « France des ronds-points ». Les manifestants qui hurlaient « Nous existons ! » furent ainsi réduits à un décor unique, celui d'une France moche, du « périurbain », qui est encore un terme vide de sens (il existe différents types de « périurbain », le périurbain des Yvelines n'a rien à voir avec celui d'Oyonnax). Vue du « salon », la révolte des classes populaires a été l'occasion de débattre de l'esthétique urbaine, de la laideur des territoires de vie de ces « déplorables ». Ce glissement vers le « territoire »

1. La majorité des cadres votent NUPES (28 %), la majorité des ouvriers se portent sur le RN (45 %), le macronisme attirant une majorité de retraités (35 %). Source Ipsos.

2. « Législatives 2022 : en raison de la forte abstention, des députés parfois élus par moins de 10 % des inscrits », *Le Monde*, 20 juin 2022.

s'accompagna du très efficace et increvable argument d'autorité de la complexité. Un mouvement des classes populaires ? Mais c'est plus compliqué que ça, cher Monsieur. Qu'est-ce qui était compliqué ? On ne sait pas. Mais l'important n'était pas là, il s'agissait avant tout de reprendre la main, de relégitimer les sachants et le pouvoir qui n'avaient rien vu venir.

Aucune représentation n'est neutre. En se cachant derrière la fausse objectivité du scientifique, les experts en science molle, politologues, sociologues, sondeurs et économistes véhiculent une vision, celle du pouvoir. C'est d'ailleurs dans cette guerre de représentations qu'il faut inscrire les attaques du concept de « France périphérique ». Ce concept qui donnait enfin à voir la réalité de la lutte des classes contemporaines et les effets négatifs du modèle néolibéral a logiquement été perçu comme un danger par les libéraux et la gauche dite progressiste (en réalité tout aussi libérale).

Élaborée non pas à partir des « territoires » mais de la répartition dans l'espace des classes populaires, ce concept, qui vise à rendre visible et à incarner une France populaire majoritaire et à décrire les conséquences du modèle économique sur la société ordinaire, vient contredire la représentation dans laquelle cette majorité a disparu.

En annonçant il y a plus de quarante ans la fin du politique avec son célèbre « *There's no alternative* », puis en prédisant la fin du bien commun avec son non moins célèbre « *There's no society* », la Première ministre britannique Margaret Thatcher présageait de la suite logique qui libérerait enfin le marché de toute contrainte : la disparition des gens ordinaires, le « *There's no majority* ». « Il n'y a pas de majorité », dernière étape du long chemin de croix qui mène à l'affirmation désormais courante dans les classes dominantes selon laquelle « le peuple n'existe pas ».

La maison-mère, c'est Netflix

La majorité ordinaire n'existant plus, tout ce qui favorise la diffusion d'une représentation panélisée de la société est encouragé. C'est en première ligne l'industrie du divertissement qui joue la carte de cette société saucissonnée. Dans cet archipel marketé (de tribus, de minorités) où rien ne fait sens, continent populaire et bien commun ont disparu.

Mais, pour être durable, ce travail d'orfèvre, qui permet de valider le modèle inégalitaire, a besoin d'être accompagné d'un storytelling efficace pour expliquer l'inexistence d'un bloc majoritaire. Une justification morale et intellectuelle, en somme. Le wokisme, construit sur la défense des minorités, remplit parfaitement cette fonction. Dernier avatar de la guerre des représentations, il bénéficie actuellement en Occident d'une promotion digne d'un blockbuster américain.

Promu ou combattu, ce wokisme [1] est partout. Fidèles aux techniques publicitaires, ses promoteurs savent que l'important est d'en parler, en bien ou en mal, de saturer les médias de thématiques qui divisent la société en tranches, en panels. Ils lancent quotidiennement des débats et concepts clivants, l'important n'étant pas de convaincre mais d'imposer l'idée d'une société nouvelle, d'un peuple nouveau, sans attache ni histoire. Présentée comme inédite, cette représentation est rarement analysée dans le continuum d'un projet au long cours qui tend à incorporer le modèle sociétal dans son enveloppe économique ; l'individu-consommateur à la place du citoyen.

La force de cette représentation commerciale est de se parer des atours d'une pensée philosophique.

La généalogie intellectuelle de la déconstruction nous ramène naturellement du côté des philosophes post-modernistes de la French Theory (Derrida, Beauvoir, Deleuze ou Foucault) et des *gender studies*. Pour justifier cette société des segments et des minorités, on pourra même à l'occasion se placer sous le magistère de Tocqueville et de sa tyrannie de la majorité pour justifier sa mise

1. *Woke* : terme anglo-américain qui signifie « éveillé à la justice sociale ». Cf. aussi p. 86.

à l'écart. Une tyrannie supposée qui permet au passage de faire porter aux classes populaires la responsabilité des totalitarismes du XXe siècle (il est bien connu que les national-socialisme, fascisme et communisme ont germé dans les cerveaux malades des gens ordinaires…).

Si ces références offrent un habillage intellectuel au processus de déconstruction, elles occultent un rouleau compresseur beaucoup plus puissant : le marché. Sans Nike, le wokisme n'existe pas. D'ailleurs, il n'existe pas dans la société (les gens ordinaires restent indifférents à ce récit).

Précisons par ailleurs que cette idéologie, ou plutôt cette technique de vente, n'existe qu'en Occident. Quand elle peut impacter leurs ventes, comme c'est le cas en Chine ou dans les pays musulmans, les multinationales militantes du monde éveillé savent se montrer discrètes sur le sujet. Sans aucun état d'âme, elles peuvent abandonner leurs codes woke pour mettre en avant un marketing « islamiquement correct » (le hijab Nike) ou qui ne froisse pas le gouvernement chinois (le choix d'une actrice britannique, par les studios Marvel, pour interpréter un personnage tibétain dans le film *Doctor Strange* ; la réduction, par Disney, de la place d'un acteur noir sur ses affiches du *Réveil de la Force* [1]). Décrit comme un

1. Stephen R. Soukup, dans *Le Capitalisme woke*, Anne de Guigné, Presses de la Cité, 2022.

nouveau totalitarisme global, le wokisme n'est en fait qu'un symptôme de l'extension des limites du marché en Occident et de la mise à l'écart de la majorité ordinaire.

Une entreprise de déconstruction qui est joyeusement accompagnée par le monde politique.

Toujours dans le sens du vent des multinationales, les politiques n'ont pas résisté à la tentation du marketing électoral. Suivant les conseils des think-tanks financés par le CAC 40, leurs stratégies électoralistes se sont peu à peu calées sur les méthodes de vente commerciales. Les partis politiques ne s'adresseront donc plus à une majorité mais à des panels.

Aujourd'hui, la maison-mère du narratif politique en Occident, c'est Netflix. Les candidats dits progressistes, censés remporter les élections pour assurer la pérennité du modèle, animent un programme et vendent des représentations conçues et réalisées à Los Angeles. À ce propos, il est amusant de noter qu'après son stage de formation à la Maison-Blanche, Barack Obama a accédé à l'échelon supérieur et s'est vu confier un poste de producteur chez le géant du divertissement. Emmanuel Macron, qui n'est que président de la République, n'a pas encore atteint ce niveau mais s'y prépare. En 2022, le candidat Netflix avait lancé sa campagne par un magnifique teasing qui reprenait tous les codes de la célèbre plateforme.

Last but not least, Netflix ne s'est pas contenté de son poulain acquis depuis longtemps à la cause, mais a également lancé Jean-Luc Mélenchon. Car, contrairement aux apparences, le mélenchonisme s'agrège parfaitement au storytelling de l'industrie du divertissement, du panel, de l'intersection, de la disparition de la majorité ordinaire et surtout du monde d'après. Cette stratégie commerciale dite « terranovesque [1] » est assez simple. Il s'agit de cibler des groupes sociaux ou culturels pour atteindre un seuil minimal de qualification au second tour relativement bas (autour de 20 %), puis, si possible, se retrouver face au candidat populiste pour l'emporter. Mais le problème, c'est que le marketing n'est pas un projet, le ciblage de panels minoritaires ne sera jamais un projet. Cela explique que, même élu, ce type de candidat Netflix soit toujours frappé d'illégitimité et destiné à l'enfermement sociologique, culturel et géographique. Car, si la représentation d'une société divisée en échantillons permet d'occulter un temps la question centrale de la majorité ordinaire, celle-ci est bien présente et demeure l'éléphant dans la pièce.

Temples du marché et du néolibéralisme, les métropoles sont naturellement devenues le terrain

1. « Terra Nova : il y a dix ans la note qui fracturait la gauche et pavait la voie à Macron », *Marianne*, 9 mai 2021.

de jeu de ce type de candidats, leurs bastions électoraux. La représentation ultra-marketée s'adapte admirablement à ces espaces libérés depuis longtemps des classes populaires. En ce début des années 2020, dans ces villes embourgeoisées, les classes supérieures sont surreprésentées. La présence populaire se limite aujourd'hui aux populations d'origine immigrée qui se concentrent dans la dernière offre du parc de logements non gentrifiée, à savoir les îlots de logements sociaux. Cette sociologie très atypique et inégalitaire est caractéristique des métropoles. Dans ces espaces où les clivages sociaux recouvrent des clivages ethniques, chacun est à sa place. Contrairement à ce qu'on imagine, la bourgeoisie dite progressiste n'a absolument pas l'intention de faire de la place aux classes populaires immigrées mais de s'en servir (les immeubles dans lesquels elle vit, les collèges dans lesquels elle scolarise sa progéniture et même les milieux professionnels dans lesquels elle exerce ses activités sont généralement homogènes socialement et ethniquement). Le maintien d'un lumpenprolétariat dans les métropoles permet de répondre à la nécessité d'employer une main-d'œuvre sous-payée qui permettra de faire tourner des secteurs entiers de l'économie (BTP, restauration) et de fournir un personnel bon marché indispensable au mode de vie bourgeois (Diwata pour le ménage, Fatoumata pour garder les enfants – il y a quelques années déjà, nous avions d'ailleurs posé la question « Mais alors, qui garde les enfants de Fatoumata ? [1] », à ce jour, elle demeure sans réponse –, Mourad pour les déplacements Uber – l'exploitation déléguée à une multinationale américaine permet de faire des économies – et Koffi – avec ou sans papiers, mais le plus souvent sans – pour la livraison du dîner à domicile).

Piochant dans cette sociologie très inégalitaire des métropoles – d'un côté, des classes supérieures dominantes et riches (au rythme de l'augmentation des prix de l'immobilier, leur patrimoine les protégeant pour plusieurs générations), de l'autre, des minorités précarisées –, les candidats Netflix ajustent leurs stratégies électorales. En 2022, Macron s'est plutôt adressé à la bourgeoisie traditionnelle, aux retraités et à la marge aux minorités, tandis que Mélenchon a ciblé la bourgeoisie progressiste et, à la marge, les minorités, notamment musulmanes. Ce dernier a ainsi réussi l'exploit de réunir la carpe et le lapin, les bobos et les minorités, la gauche sociétale et le vote musulman [2].

Compatible avec le show électoral sponsorisé par Hollywood, le vote communautaire devient

1. Christophe Guilluy, *Le Crépuscule de la France d'en haut*, Flammarion, 2016.

2. « 1er tour : comprendre le vote des Français », 10 avril 2022, Ipsos.

d'ailleurs une force d'appoint pour ces candidats. Si, au premier tour, 69 % des musulmans choisissent « Mélenchon l'anticapitaliste », au second, ils se portent à 85 % sur le capitaliste Macron.

Les minorités, déjà armées de réserve du capital, sont devenues l'armée de réserve électorale du pouvoir libéral. Pour combien de temps ? Cette alliance est fragile. Elle est conditionnée au maintien de flux migratoires élevés qui renouvellent la main-d'œuvre exploitable en augmentant le poids électoral de ces populations et à l'adhésion des minorités au récit de la fascisation de la majorité ordinaire. Or, sur ces deux points, le pouvoir doit faire face à une réalité qui déstabilise ce calcul électoraliste : l'immigration est aujourd'hui contestée par l'opinion (y compris immigrée) ; quant à la « fascisation ordinaire », elle perd en efficacité [1]. Par ailleurs, l'alliance « intersectionnelle » entre Neuilly-sur-Seine, Boboland et La Courneuve reste antinomique.

L'utopie d'un nouveau peuple

L'alliage politique de circonstance entre une petite bourgeoisie écolo-woke et des catégories

1. Comme le montrent par exemple les pourcentages importants obtenus par le RN dans les DROM-COM.

populaires attachées à des valeurs traditionnelles cimentées par la religion n'a aucun sens. Il n'est pas durable, mais reste un objectif pour une classe politique à bout de souffle. Cet alliage qui, selon eux, pourrait produire un nouvel électorat fait écho au projet de certains démocrates occidentaux de créer un « nouveau peuple », voire une nouvelle civilisation. Un objectif fou que n'aurait certainement jamais imaginé sérieusement le poète subversif allemand Bertolt Brecht, auteur du fameux « Puisque le peuple vote contre le gouvernement, il faut dissoudre le peuple [1]. »

Souhaité ou redouté, un nouveau peuple, c'est-à-dire un bloc qui ferait sens pour une majorité de la population, et qui par ses valeurs et son mode de vie serait capable de projeter la société dans un avenir rassurant, n'a pas émergé. Ce constat ne veut pas dire qu'une révolution démographique n'est pas en cours. Depuis trente ans, l'intensification des flux migratoires extra-européens a profondément modifié la population des territoires d'accueil de ces populations. Une transformation d'autant plus rapide et visible qu'elle s'est déployée à un moment où les élites détruisaient, par le dénigrement des cultures et modes de vie des classes populaires dans lesquels se sont toujours fondus les nouveaux arrivants, les conditions de l'assimilation.

1. Bertolt Brecht, « La solution », poème écrit en 1953.

La suite est connue. La société segmentée, dite multiculturelle, s'est imposée. Mais avec elle, la société de la défiance. Car, comme l'historien Robert Putnam l'avait démontré au siècle dernier, ce type de société conduit mécaniquement à l'abandon du bien commun et in fine au démantèlement de l'État-providence (qui reste un objectif des classes dirigeantes actuelles). Dans ce modèle où l'Autre ne devient pas soi, c'est le séparatisme et la segmentation qui sont la norme, pas la naissance d'un nouveau peuple.

Car, pour dissoudre un peuple et en créer un nouveau, il ne suffit pas de déplacer de nouvelles populations, il faudrait attirer, agglomérer, susciter de l'adhésion à un nouveau mode de vie, à des valeurs, à un groupe qui émerge. L'élément essentiel est l'attraction.

Or quel bilan peut-on tirer de l'évolution des territoires qui accueillent depuis des décennies les nouveaux flux migratoires ? Ils ne sont que des sas, des lieux d'accueil mais ils n'attirent pas. Ces espaces ne constituent que des points de chute pour l'immigration internationale. Quelle que soit leur origine, les classes populaires qui y vivent, autochtones ou immigrées, font tout pour échapper à ce « nouveau monde ».

Dès qu'ils le peuvent, les ménages en voie d'ascension sociale tentent de quitter ses quartiers et ses écoles (en scolarisant par exemple ses enfants dans des écoles catholiques[1]). Les fonctionnaires cherchent à les éviter (l'État en est même à proposer une prime de fidélisation aux agents publics, civils et militaires qui acceptent de rester en Seine-Saint-Denis[2]). Quant à la bourgeoisie progressiste qui ne cesse de les plébisciter, elle ne semble pas décidée à les occuper. Sauf erreur, aucun des quartiers dits « sensibles » n'a assisté à l'emménagement de ces classes supérieures. Les nombreux bobolands des métropoles, pourtant situés à quelques minutes de ces lieux, ne se sont bizarrement pas vidés pour les investir. Même constat dans les collèges : rien, aucune inscription d'enfants de la bourgeoisie progressiste.

La multiplication de ces enclaves est moins l'effet d'une attraction pour un mode de vie importé que le résultat de la politique migratoire des élites et du dénigrement de la culture majoritaire. Ces enclaves blédardes (plus qu'islamistes) ne sont qu'une des facettes de la grande segmentation inhérente au modèle porté par les élites depuis un demi-siècle. Elles ne représentent qu'un des segments du marché culturel hollywoodien dans lequel le burkini Adidas a toute sa place. Si le

---

1. « Ces musulmans qui plébiscitent l'école catholique », *Le Figaro*, 18 février 2014.

2. « Une prime de fidélisation de 10 000 € versée aux agents publics exerçant en Seine-Saint-Denis », Portail de la fonction publique, octobre 2020.

modèle communautariste se love dans l'américanisation de la société française, cela n'en fait pas un modèle pour la population.

L'absence d'attraction culturelle qu'exercent « les quartiers » et les nouveaux arrivants sur la société tout entière montrent que la constitution d'un peuple hors-sol n'est pas pour demain, en tout cas pas en banlieue.

Obnubilée par la fabrication d'un peuple nouveau, la classe dirigeante a oublié un point essentiel : c'est qu'il n'existe que des peuples « anciens » qui chercheront toujours à préserver ce qu'ils sont et qui aspirent, quand il est valorisé, à se fondre dans le mode de vie majoritaire. En effet, un peuple « ancien » n'est attractif que s'il est respecté. La difficulté, c'est que, depuis un demi-siècle, la classe politique, médiatique, culturelle et académique a passé son temps à déconstruire et à dénigrer la majorité ordinaire et sa culture. Il ne manquait plus que sa folklorisation pour que le tableau soit complet.

Sortir de sa réserve

Bienvenue dans la France qui danse la country !

Si cette pratique est répandue [1] dans la France périphérique (comme le sont d'ailleurs toutes les

1. Jean-Laurent Cassely et Jérôme Fourquet, *La France sous nos yeux*, Seuil, 2022.

associations qui font vivre les cultures locales, y compris les danses traditionnelles), son traitement spécifique par les médias n'est pas anodin. Ces dernières années, tous, de BFM TV au *Monde*[1], de RFI à *L'Express*, ont ainsi multiplié les sujets consacrés au « succès de la danse country » dans la « France populaire des villages ».

Le Gilet jaune inquiétait, le Stetson rassure. Du symbole de la contestation à celui, dérisoire, d'une acculturation généralisée, la classe dominante met en avant la représentation d'un monde populaire ridicule et par là même impuissant. Mais cette folklorisation « sympathique » est plus perverse. Elle vient renforcer l'image que les élites dirigeantes occidentales se font des classes populaires des périphéries, ceux qu'elles appellent les « petits Blancs ». Cette expression péjorative forgée par la bourgeoisie américaine suggère en réalité une population intrinsèquement raciste et intellectuellement déficiente.

Or, en évoquant un imaginaire traditionnel américain, la country nous plonge immédiatement dans celui des petits Blancs, des Rednecks. De la folklorisation à la redneckisation, le système médiatique valide l'idée que le bloc populaire est désormais cantonné au bord du monde. Impuissant, il serait donc voué à s'éteindre dans la grande

1. « La country, c'est la liberté, c'est comme une Harley sur la route 66 », *Le Monde*, 18 décembre 2021.

réserve acculturée de la France périphérique. La redneckisation permet de rendre acceptable moralement cette mise à l'écart. Comme dans toute réserve, les indigènes bénéficient d'un minimum de redistribution (les « ploucs » doivent consommer, c'est même tout ce qu'on leur demande) et même de services publics, mais il est entendu qu'ils sont en sursis et condamnés par le mouvement de l'Histoire.

Sur un ton badin, la représentation rassurante du « plouc » coiffé d'un Stetson qui singe l'autre « beauf », celui qui vit de l'autre côté de l'Atlantique, permet à elle seule de justifier la relégation de la majorité ordinaire. Le comble étant que ce ricanement des grands bourgeois insiste sur cette acculturation. Venant d'une classe qui depuis un demi-siècle a épousé toutes les valeurs du modèle américain et qui s'abreuve quotidiennement de la culture « Instagram-Amazon-*New York Times* », cette posture ne manque pas de sel !

Le déplorable a encore de beaux jours devant lui.

Quel nouvel arrivant pourrait avoir l'envie de lui ressembler, ridicule, acculturé, vieillissant, anomique, sans avenir, sans valeurs ? Qui en Suède, en Grande-Bretagne, en France, en Allemagne peut avoir envie d'épouser le mode de vie d'un beauf allemand, d'un péquenaud suédois, d'un raciste britannique ou d'un plouc français ? Personne.

En haut, alors qu'on cherche à créer, à faire venir un « nouveau peuple », on ne comprend pas qu'on ne s'assimile pas en épousant de manière abstraite les valeurs du pays d'accueil, mais en cherchant à ressembler à un voisin respectable parce qu'il est intégré économiquement – et surtout respecté culturellement.

Déplorable, la majorité ordinaire n'est pas attractive. À l'inverse, quand elle est reconnue et respectée, elle l'est, c'est mécanique.

C'est pourquoi le mouvement des Gilets jaunes a attiré des classes populaires de toutes origines qui ont participé à la contestation, en laissant de côté leurs étendards identitaire, sexuel, racial ou religieux. Caricaturé comme un mouvement de petits Blancs, ce mouvement de la France périphérique, particulièrement actif dans les DROM-COM, a séduit en métropole une fraction certes minoritaire mais importante de Français d'origine maghrébine ou africaine.

Partout dans le monde, la dignité et la puissance des contestations populaires dites populistes conduisent une fraction des minorités à s'affranchir du discours dominant.

On l'a vu en Grande-Bretagne, avec un Brexit très largement plébiscité dans tous les milieux populaires, ainsi qu'aux États-Unis, où près de 40 % des Latinos et une partie des Africains-Américains rejoignirent les électeurs républicains, que les médias présentaient comme des « suprémacistes blancs ».

Parce qu'ils hiérarchisent leurs priorités, s'affranchissent un temps de leurs origines pour contester l'ordre économique et social, et refusent ainsi le piège tendu par le monde d'en haut, les gens ordinaires répondent magistralement, grâce à leur instinct de survie, à leur disparition programmée.

Il faudra donc tenter autre chose.

6.

Apocalypse Now

Les élites dirigeantes jouent maintenant sur la peur. Leur storytelling, qui reposait déjà sur l'émotion-pleurniche, occupe désormais plus volontiers ce terrain. Du grand divertissement à la grande anxiété, l'objectif reste identique : s'extraire de la réalité et fabriquer du consentement. Le sentiment d'une menace imminente est au cœur d'une pièce en deux actes.

Acte I : l'entrée en scène du prince des ténèbres

La diabolisation des classes populaires, de leurs aspirations, permet non seulement de stériliser leur vote, mais surtout, grâce à ce rayon paralysant, de décider de la mort sociale de ceux qui chercheraient, de près ou de loin, à prendre leur défense. À l'action politique s'est substitué un discours de peur où le diable se cache dans chaque détail du diagnostic des gens ordinaires : technique éculée mais efficace, qui permet aux pouvoirs successifs de se maintenir. Aux antipodes de Baudelaire, qui écrivait que « la plus grande malice du diable est de faire croire qu'il n'existe pas [1] », leur plus belle ruse consiste à nous faire croire qu'il existe. Aujourd'hui, la diabolisation est la base de l'argumentaire politique du pouvoir, sa dernière protection. Toute contestation du modèle économico-sociétal donne lieu à la convocation du démon.

Essentielle au maintien du récit, la diabolisation permet la condamnation morale de toute requête, de toute proposition, même des plus légitimes. Évoquer les difficultés du monde rural, c'est être pétainiste ; parler de la protection des emplois, notamment industriels, nationaliste ; décrire la fragilisation sociale ou la pauvreté dans la France périphérique, populiste. Satan se niche absolument partout, même dans nos assiettes. À ce titre, la récente « séquence » Fabien Roussel est une synthèse.

Rappelez-vous. Début janvier 2022, sur le plateau du magazine politique dominical de la télévision publique [2], Francis Letellier interroge Fabien Roussel, candidat communiste à la présidentielle,

1. *Petits poèmes en prose*, Larousse, 2008.
2. *Dimanche en politique*, France 3.

sur ce qu'il pense du fait qu'Emmanuel Macron ait été désigné personnalité de l'année par *La Revue du vin de France*, en récompense de son engagement en faveur du vin français.

Extrait :

« *Un bon président, c'est un président qui défend le vin ?* demande Letellier.

– *Je me suis dit en voyant ça que c'est bien de défendre le vin. Moi-même, j'aime bien aussi boire un verre de vin...*

– *Lui, c'est deux !*

– *Un bon vin, une bonne viande, un bon fromage, pour moi c'est la gastronomie française. Mais pour avoir accès à ce bon, à cette bonne gastronomie, il faut avoir des moyens. Donc, le meilleur moyen de défendre le bon vin, la bonne gastronomie, c'est de permettre aux Français d'y avoir accès. Et je dis que le bon et le beau, tout le monde doit y avoir accès.*

– *Les associations qui luttent contre l'alcoolisme disent qu'il faut faire plus et mettre par exemple sur les bouteilles de vin des grands avertissements comme sur les paquets de cigarettes. Vous y seriez favorable ?*

– *Je pense qu'il faut effectivement développer les campagnes de prévention pour lutter contre l'alcoolisme. Mais le bon vin, comme la bonne viande, il vaut mieux en boire peu mais du bon, manger moins mais de la bonne. Boire français, [consommer] de la viande française. Mais surtout, que tout le monde y ait accès parce que c'est cher.*

– Mais toujours avec modération : loi Évin, c'est écrit partout.

– C'est donc une question de salaire et de pension. Voilà comment on défend notre gastronomie », conclut Fabien Roussel.

Bref, le candidat communiste a dit : « Un bon vin, une bonne viande, un bon fromage, c'est la gastronomie française, et le meilleur moyen de la défendre, c'est de permettre aux Français d'y avoir accès. »

Immédiatement, il est rappelé à l'ordre, critiqué de toutes parts.

On lui reproche en premier lieu de banaliser l'alcool, et cette attaque est tout sauf anecdotique, elle est au contraire un invariant du mépris de classe, déjà utilisé contre le PCF au siècle dernier. Pour mémoire, ce jour de février 1981, à Montigny-lès-Cormeilles, qui vit Georges Marchais soutenir en meeting le maire sortant, Robert Hue, et en profiter pour dénoncer ses adversaires, notamment socialistes, qui ne cessaient d'insulter les électeurs ouvriers communistes en leur rapprochant d'être « bornés, incultes, racistes, brutaux » et… « alcooliques » !

Quarante ans plus tard, ce sont les mêmes bourgeois de gauche qui accusent Fabien Roussel de faire la promotion de l'alcool.

Mais pas que. Les postures scandalisées et moralisatrices portent également sur la maltraitance envers les animaux, qui renvoie à la brutalité supposée des classes populaires, ainsi que sur son prétendu appel du pied aux adeptes des apéros « saucisson-pinard », marque de fabrique de l'extrême droite, qui serait la preuve du racisme intrinsèque aux ouvriers. Si vous n'aviez pas bien compris le message, la candidate à la primaire écologiste, Sandrine Rousseau, ajoutera qu'en parlant ainsi, Fabien Roussel « exclut une partie de la gastronomie qui a lieu en France » et fera cette très lourde allusion : « Le couscous est le plat préféré des Français. »

Cette diabolisation par la gauche libérale est loin d'être anodine, elle s'adresse au candidat communiste qui avait repris depuis quelques mois, en campagne, la ligne traditionnelle du PCF de défense des classes populaires, du primat donné à la question sociale sur la question sociétale, de défense des emplois industriels et de souveraineté économique. Personne n'est dupe : Fabien Roussel fut attaqué sur son programme politique, pas sur sa prétendue dérive spéciste ou raciste.

En réalité, si le dalaï-lama souhaitait se faire élire demain sur un programme de défense des intérêts des classes populaires, il serait immédiatement et pareillement diabolisé. En quelques jours, le moine bouddhiste serait présenté comme le candidat de l'intolérance, le promoteur d'une société qui exclut l'autre, bref comme un représentant à peine masqué de l'extrême droite. Ce qui importe ici, ce n'est pas le messager mais le message, surtout s'il est envoyé par les classes populaires.

Mais la fascisation est une technique à géométrie variable. Le *¡No pasarán!* de salon ne s'adresse jamais qu'aux mêmes, les plus modestes, dont le diagnostic doit rester a minima délégitimé, au mieux inaudible.

Le protectionnisme économique, assimilé au fascisme par le monde d'en haut, est au contraire accepté et plébiscité lorsqu'il vise par exemple à protéger le monde de la culture. Les industries du cinéma et de la musique *made in France* promeuvent l'ouverture au monde, mais se protègent depuis presque un demi-siècle du marché libre-échangiste mondial. Ici, la « préférence nationale » est appelée « exception culturelle », et, comme par magie, elle devient moralement acceptable.

Le nationalisme, autre gros mot interdit, peut être dans certains cas valorisé, comme depuis le début de l'invasion russe en Ukraine, par exemple.

La santé mentale des dirigeants qui comptent est elle aussi variablement commentée. La sénilité d'un Joe Biden sera toujours plus relativisée que la folie d'un Donald Trump ou d'un Vladimir Poutine.

De la même manière, les affaires pédocriminelles seront plus facilement dénoncées lorsqu'elles ont lieu dans des milieux populaires (procès d'Outreau) que lorsqu'elles concernent les milieux de l'élite progressiste (omertà qui a entouré des années durant les affaires Duhamel ou Epstein).

On le voit, le système ne défend donc ni morale, ni principes, ni éthique, ni justice, mais il les utilise comme une arme de protection. Dénoncer les racisme, sexisme ou fascisme supposés d'un individu ou d'un groupe ne vise pas à les faire reculer, mais d'abord à administrer la mort sociale de cet individu ou de ce groupe. Cette bonne vieille technique stalinienne se diffuse partout (du monde politique à celui de l'entreprise, en passant par les universités et la culture) afin de, tout simplement, tuer la concurrence, s'auto-désigner « progressiste » et afficher sa supériorité morale.

Cerise sur le gâteau, cela permet de légitimer l'ordre social par la diabolisation de la contestation. En effet, depuis au moins la ratification du traité de Maastricht [1], dans l'esprit (et les tableaux de bord) des pouvoirs successifs, il ne doit plus y avoir d'opposition au modèle (« *There's no alternative* »).

1. Traité européen de Maastricht ratifié de justesse en 1992.

Puisque ces pouvoirs n'ont plus pour cadre la nation ni comme objectif le bien commun, qu'ils ne peuvent plus jouer sur l'illusion de l'alternance gauche-droite [1] pour diviser les classes populaires, leur dernière défense va consister à les exclure non pas politiquement, mais moralement. Et à habiller le diable non plus en Prada mais en bleu de travail.

Ce faisant, les élites dirigeantes déplacent le débat du champ politique à celui de la morale : voter non au référendum sur le TCE [2], soutenir les Gilets jaunes, encourager tout candidat estampillé « populiste » serait « stupide », « suicidaire », mais aussi et surtout « immoral ».

Pour les classes populaires, l'impasse démocratique tient moins à l'absence d'offre politique qu'à la condamnation morale de cette offre.

Quelle que soit l'étiquette politique (Jean-Pierre Chevènement, Fabien Roussel, Marine Le Pen, etc.), les candidats qui défendent un programme de défense de la majorité ordinaire sont systématiquement diabolisés, et leurs électeurs rejetés dans une immoralité difficilement tenable au quotidien. C'est pourquoi, même si, sur la plupart des thématiques politico-économiques, une majorité de la population est d'accord avec les propositions « populistes » (souverainisme, protectionnisme, réindustrialisation,

1. « L'alternance unique », expression de Jean-Claude Michéa.

2. Traité constitutionnel européen de 2005.

régulation des flux migratoires)[1], une fraction, notamment des électeurs les plus âgés, ne franchira jamais cette limite « morale ».

Cependant, cette fraction tend, de scrutin en scrutin, à décroître, la convocation du diable ne semblant plus si efficace.

À l'occasion du second tour de l'élection présidentielle de 2022, 13 millions d'électeurs ont glissé dans l'urne un bulletin Marine Le Pen, 13 millions se sont abstenus et 2 millions ont préféré le vote blanc[2]. Au total, plus de 28 millions de Français ont donc « mal voté ».

58 % du corps électoral se sont affranchis de la morale en ne votant pas contre le démon.

Deux ans plus tôt, aux États-Unis, 74 millions d'Américains (11 millions de plus qu'en 2016) choisissaient eux aussi de s'extraire de l'humanité pour apporter leur suffrage au Belzébuth à mèche blonde (en s'abstenant, 80 millions ont choisi de ne pas voter contre)[3].

En 2016, en Grande-Bretagne, la majorité des électeurs britanniques votaient pour « le repli, la haine de l'autre », bref pour une forme de « suicide collectif ».

1. Selon le rapport annuel « Fractures françaises », Ipsos.

2. Chiffres du ministère de l'Intérieur.

3. « Élections américaines 2020 : un nombre de voix historique pour Biden, mais aussi pour Trump », *Le Monde*, 8 novembre 2020.

On l'a vu, en exprimant ce type de vote, les citoyens s'extraient du cercle de la raison, de la morale ; être fascisé les déshumanise, en fait des possédés. (Étrange inversion accusatoire, puisque les classes populaires sont en réalité des dépossédés.)

Alors, pourquoi diable les gens ordinaires, malgré tout cela, choisissent-ils l'apostasie ?

Envoûté par cette stupide rhétorique de la fascisation, on ne s'interroge jamais sur les ressorts profonds qui conduisent des gens ordinaires à prendre le risque de choisir l'immoralité d'un vote pour s'exprimer. Cette transgression est une réponse forte à des classes dominantes qui leur expliquent depuis des décennies qu'ils n'existent plus, qu'ils ne sont rien, que les valeurs qu'ils portent ne sont plus compatibles avec le « nouveau monde ».

Si la croyance en l'existence du démon faiblit, elle n'annonce pas la fin d'un discours qui repose de plus en plus sur la peur, bien au contraire.

Acte II : l'annonce des temps obscurs

Après le diable viennent les menaces apocalyptiques. La fin du monde est partout. Allumez vos écrans : la planète explose, les civilisations s'éteignent, les humains se mangent entre eux… Grâce à Hollywood, c'est comme si on y était, l'apocalypse selon saint Netflix, saint Amazon et saint Apple, ce sont des dystopies plus ou moins réalistes diffusées et financées par les multinationales qui promeuvent et alimentent le modèle qui nous y conduit.

À l'instar de la diabolisation, cette menace cataclysmique se fond parfaitement dans leur storytelling, l'exemple le plus frappant étant l'apocalypse environnementale (qui est véritablement en marche).

Le bio-écologiste canadien William Rees, à l'origine du concept d'empreinte écologique, n'a de cesse de pointer l'hypocrisie du discours écologiste des tenants d'un modèle néolibéral shooté à la croissance éternelle qui détruit la planète. « Il n'existe aucun cas, dans aucun pays, où la croissance perpétuelle ne signifie pas un recul pour l'environnement. Il existe une contradiction flagrante entre la croissance économique continue et la protection de l'environnement. Il en a toujours été ainsi et il en sera toujours ainsi. Il s'agit d'un modèle économique qui ne contient aucune référence à l'environnement en général, à la biologie ou aux écosystèmes, et pourtant c'est le modèle que nous utilisons pour diriger la planète. Mais il n'est pas possible d'avoir un développement durable si nous avons une économie dont le modèle ne tient aucunement compte du système qu'il prétend diriger. Alors même que nous avons collectivement déjà dépassé les capacités écologiques [1] de la Terre. Le

1. En 2022, le « jour du dépassement de la Terre », qui marque le moment où l'humanité a consommé l'ensemble

bateau coule. Il ne reste plus que quelques pouces avant que l'eau ne s'engouffre dans le navire, mais nous croyons qu'il est possible d'ajouter du poids sur le bateau [1]. »

Les effets du modèle mondialisé sur l'environnement ne sont plus contestables. Fonte des glaces, acidification des océans, contamination des sols, pollution de l'air et disparition de milliers d'espèces sont aujourd'hui constatées, documentées, sues. Mais ce que l'on sait aussi, c'est que le libre-échange et la croissance exponentielle des transports maritimes et aériens qu'il entraîne accélère les dégâts. Ce qui n'empêche pas l'Union européenne de signer un tout nouveau traité avec la Nouvelle-Zélande en juillet 2022. Mais, rassurons-nous, cette aberration écologique qui consiste à multiplier les échanges commerciaux avec un pays situé à 20 000 kilomètres du continent s'inscrit bien sûr dans un engagement des « deux parties à favoriser le développement durable [2] ».

Alors que l'illimitation est le cœur du projet néo-libéral (on dirait « son ADN », aujourd'hui),

---

des ressources que les écosystèmes peuvent produire en un an, est tombé le 28 juillet.

1. « Le modèle néolibéral, une nuisance pour l'environnement ? », *Le Devoir*, 6 octobre 2016.

2. « Accord commercial Union européenne-Nouvelle-Zélande : ouvrir la voie à une croissance économique durable », Commission européenne, 30 juin 2022.

les tenants de ce modèle n'ont de cesse de promouvoir la nécessité d'un « développement durable », c'est-à-dire un modèle des limites. Cet oxymore signifie que l'apocalypse écologique dont nous menacent ceux qui en sont la cause s'inscrit, encore une fois, dans un narratif global. D'autre part, elle sert de justification à des politiques fiscales en direction de la majorité ordinaire (on se souvient de la taxe « écologique » qui avait déclenché le mouvement des Gilets jaunes), donne l'occasion aux partis politiques de capter une nouvelle clientèle électorale (les jeunes générations) et permet aux entreprises de dénicher de nouveaux marchés avec le label *green business*.

Mais, surtout, cette instrumentalisation de la menace apocalyptique, à un moment où les élites dirigeantes ont perdu toute légitimité, leur permet d'annihiler toute opposition. De l'apocalypse environnementale à l'apocalypse politique (la menace du fascisme) en passant par l'apocalypse sanitaire, la gestion par la peur permet de s'affranchir du politique, et elle est d'autant plus efficace qu'elle se développe dans un Occident vieillissant. Beaucoup plus perméables au narratif médiatique, les populations âgées sont par exemple celles qui adhèrent le plus facilement à l'idée d'une menace fasciste mais également, compte tenu de leur fragilité physique, d'une menace sanitaire.

In fine, cet état d'anxiété permet de justifier l'urgence. L'urgence d'avancer, de bouger et de réformer toujours dans le sens du marché, mais sans jamais recueillir l'adhésion de la majorité ordinaire.

III.

L'horizon

Les chimères d'une planète sans limites, d'une mondialisation heureuse, d'une métropolisation durable, d'un nouveau peuple, d'un algorithme parfait n'ont jamais réussi à fragiliser le môle populaire. Insensible à ces coups de boutoir, ce bloc solide et désormais autonome provoque même, comme les digues, un retour brutal de ces fables sur elles-mêmes. Porté par les classes populaires et moyennes, ce ressac irrésistible inverse le rapport de force.

Inscrit dans le temps long, il est la réponse au modèle vide de sens du marché, du présent permanent. Son calme et sa solidité mettent au jour l'hystérie et l'agitation du monde d'en haut. Il est un retour à la source et aux véritables ressources. On s'en est privé depuis un demi-siècle, et elles sont infinies : les ressources humaines.

Cependant, les lendemains qui chantent ne sont pas encore d'actualité, et le monde, qui a toujours été chaotique, le restera. Mais l'ancrage dans la réalité ordinaire est en train de nous faire changer d'horizon. Les murs d'illusions se fissurent et la brume se dissipe, lentement, une nouvelle ligne d'horizon est en vue, qui n'est ni celle des salles de marché ni celle des plateaux hollywoodiens.

Semblable à la mer, ce roulis est complexe, ondulatoire, ingouvernable. Il peut être provoqué par des phénomènes catastrophiques ou violents (en réaction à des réformes, à des plans sociaux, à des crises énergétiques), mais, sur le temps long, il résulte d'abord de courants chauds ou froids, visibles ou invisibles, et de phénomènes d'attraction en apparence contradictoires, mais en réalité complémentaires : le pôle social et le pôle existentiel. Deux forces à l'origine d'un mouvement inarrêtable.

7.

La radicalité de la vie ordinaire

Parfois, à l'occasion d'une élection, d'une visite ministérielle, d'une mobilisation, le récit s'interrompt et fait place à l'inattendu. De la brume médiatique surgit la vie ordinaire. Un imprévu, un échange spontané, une simple altercation, et le narratif se brise.

Bruno Le Maire en fit l'expérience le 23 février 2018. Ce jour-là, sur le site de l'usine PSA de Mulhouse, le ministre de l'Économie était venu « pour garantir aux Français qu'on va garder une industrie automobile et que le site restera ouvert ». Demi-vérité ou demi-mensonge, cette petite phrase exaspéra les ouvriers et notamment un syndicaliste qui, devant les caméras, n'hésitera pas à interpeller le ministre : « Monsieur, on était 14 000, on ne sera bientôt plus que 5 000 dans l'usine ! Que deviennent les familles ? » Sonné par cette question somme toute évidente (et légitime), Bruno Le

Maire regarde dans le vague, on le sent mal à l'aise. Après quelques secondes d'hésitation, l'acteur se reprend, botte en touche et enchaîne sur le discours technocratique sans contenu dans lequel il excelle. Mais c'est trop tard ; la journée est fichue. L'image n'est pas bonne. Pire, il vient d'illustrer par l'absurde le décalage entre récit politique et réel.

Quelques mois plus tard, c'est le président de la République qui dialogue avec un chômeur. Celui-ci lui explique que, malgré ses recherches, il ne trouve pas de poste dans le secteur de l'horticulture. Avec plus d'aplomb et de culot que le locataire de Bercy, Emmanuel Macron lui répond qu'il y a de l'emploi en France, que c'est d'ailleurs si simple que « je traverse la rue et je vous trouve un travail ». Hors sujet, il poursuit : « Allez à Montparnasse, les patrons de restaurants, de brasseries sont prêts à embaucher. » Cet échange sera perçu par l'opinion non seulement comme un déni de réalité (d'après Pôle emploi, seuls 6 % des recrutements sont abandonnés faute de candidats [1]), puisque la question du niveau des rémunérations et des conditions de travail n'est jamais posée, mais également comme l'illustration de l'incapacité d'écouter et de prendre en compte les demandes

1. « Les offres d'emploi non pourvues restent, selon une étude, un phénomène "marginal" », *Le Monde*, 11 février 2022.

des plus modestes (ce monsieur veut travailler dans une serre, on lui parle de brasserie).

Impeccable produit de l'élite dirigeante, Emmanuel Macron ne sort jamais du cadre, il ne lâche jamais le narratif dominant, peu importe qui il a devant lui et ce qu'il a sous les yeux. Lorsqu'en mai 2021, on l'interroge sur la Seine-Saint-Denis, il récite son discours de la mondialisation heureuse, du monde qui vient, de la jeunesse start-upeuse, en affirmant même qu'« ici, il ne manque que la mer pour faire la Californie [1] ». C'est évidemment à cet État américain surpuissant (cinquième PIB au monde) que s'identifient les habitants de ce département qui, chaque année, quittent ou cherchent à quitter cette terre promise.

Plus récemment, en mai 2022, au Stade de France qui accueille la finale de la Ligue des champions, le spectacle vire au grotesque. Confronté aux scènes de chaos provoquées par des délinquants, le ministre de l'Intérieur nie ce que le monde entier a vu en direct, évoque un problème de billetterie et une violence causée par les supporters britanniques qui, devant les caméras, en étaient pourtant les premières victimes [2].

---

1. Revue *Zadig*, 28 mai 2021.

2. « Incidents au Stade de France : le déni des pouvoirs publics malgré une organisation défaillante », *Le Monde*, 30 mai 2022.

Si les situations n'étaient pas si tragiques, on pourrait dire que le récit de la fiction atteint un niveau de burlesque hilarant.

L'instinct de survie

Le décalage entre le récit et la réalité des classes populaires est tel qu'il rend impossible par les élites la compréhension de la richesse et de la complexité de ce qui bouillonne depuis vingt ans.

De la même manière que le cerveau reste un mystère, cette ébullition est méconnue. C'est dans cet angle mort qu'elle s'est développée. Ce mouvement atypique puise sa force dans une conviction, désormais partagée par une majorité de l'opinion, de la vacuité du récit dominant. Ce constat n'est pas le fruit d'un endoctrinement, d'un refus a priori du modèle proposé, mais d'une analyse réfléchie, d'un diagnostic élaboré sur plusieurs décennies. Contrairement à ce qu'on affirme systématiquement, les classes populaires ont joué le jeu et tenté de vivre dans le cadre qu'on leur proposait (européen, mondialisé). Ce n'est pas une idéologie quelconque qui a provoqué le basculement, mais bien la lente dégradation de leurs conditions de vie et la négation de leur existence. Cette inexistence culturelle est le moteur de ce mouvement. L'existence, son objectif. C'est dans ce chaos de vide et d'agitation permanente qu'est née la radicalité de la vie ordinaire.

Sa forme, sa sociologie, sa dynamique et sa géographie distinguent ce mouvement inédit de toutes les contestations des siècles passés.

Contrairement aux mouvements sociaux des XIXe et XXe siècles, il n'est pas porté par une lutte pour l'acquisition de nouveaux droits, mais par la volonté de préserver le statut social et culturel d'une majorité ordinaire qu'on appelait hier la classe moyenne occidentale. Il ne repose pas sur l'idéologie d'un monde d'après, mais sur la volonté de ne pas disparaître, d'être dans ce monde d'aujourd'hui. S'il porte de fait des intérêts de classe, ceux des plus modestes, il les dépasse. Il transcende la « lutte des classes » en y apportant une dimension existentielle, celle de vouloir préserver un sens à la société. Il est singulier en ce qu'il ne vise pas la création d'un nouveau monde, mais sa poursuite. Autonome, affranchi depuis longtemps des encadrements politiques, syndicaux ou idéologiques, ce mouvement n'est pas, non plus, récupérable.

Il n'est donc pas réductible aux débats qui opposeraient le camp des « progressistes » à celui des « populistes », du monde « ouvert » contre le monde « fermé ». Les événements politiques des dernières années ne sont en réalité que des épiphénomènes, des symptômes microscopiques d'une révolte existentielle. L'élection de Donald Trump, le vote des Brexiters ou la dynamique du RN ne sont que de petites secousses d'un mouvement tectonique provoqué par le déplacement lent et réfléchi d'un continent oublié. L'utilisation par les classes populaires de quelques marionnettes populistes n'est pas une adhésion idéologique à la promesse d'une nouvelle société, mais l'expression du refus, de la dissipation de la brume dominante. Le temps politique, devenu celui de l'immédiateté des médias et de la brièveté des mandats électifs, n'est plus en mesure de capter et encore moins de raconter le temps long dans lequel s'inscrit ce mouvement.

Porté par une sociologie atypique, réunissant des classes populaires de toutes conditions, de toutes origines et de tout statut (ouvriers, employés, paysans, indépendants, salariés du privé et du public, actifs, chômeurs, jeunes, retraités), ce « bloc populaire [1] » recomposé est inédit.

Atypique également est sa géographie. Quel que soit le pays dans lequel elle émerge (Gilets jaunes en France, Brexiters en Grande-Bretagne, « convois

1. Jérôme-Sainte Marie, *Bloc populaire*, éditions du Cerf, 2021.

de la liberté » au Canada, agriculteurs aux Pays-Bas [1]), cette révolte prend ses racines dans les périphéries, loin des territoires symboles du modèle néolibéral, les métropoles. À chaque fois, elle suscite le même élan de solidarité, la même adhésion dans l'opinion majoritaire qui se reconnaît instinctivement dans ses contestations où syndicats et partis sont absents. Elle puise sa puissance dans la violence générée par la perte du statut social et culturel de la majorité ordinaire, n'est pas contrôlable par un récit écrit en haut et encore moins « achetable ». On ne peut pas acheter des gens qui ne se battent pas seulement pour leur pouvoir d'achat, mais surtout pour sortir du chaos existentiel dans lequel les élites les ont plongés.

Cette révolte en cours repose avant tout sur la désobéissance, une désobéissance culturelle où des questions immatérielles sont en jeu.

En Grande-Bretagne, la *working-class*, pourtant très fragilisée matériellement par la désindustrialisation, ne choisit pas en masse les travaillistes et leur programme de redistribution, mais le libéral-conservateur Boris Johnson, qui certes porte un programme de réindustrialisation et de relance des services publics, mais insiste également beaucoup

1. « Aux Pays-Bas, la colère des agriculteurs devient l'image d'une périphérie qui subit », *Le Figaro*, 13 juillet 2022.

sur la préservation d'un mode de vie. Pendant ce temps, à Hénin-Beaumont, une part majoritaire des chômeurs et des pauvres choisit d'apporter ses suffrages au RN plutôt qu'à LFI, qui promet pourtant le SMIC à 1 500 euros net.

À l'inverse, on ne souligne pas assez que le vote de la bourgeoisie, de droite comme de gauche, et plus largement celui des classes supérieures, n'est absolument plus guidé par des valeurs, mais prioritairement par des préoccupations de pouvoir d'achat et de défense de patrimoine [1].

Hard-discount électoral et abstention

Du maoïsme au wokisme, les gens ordinaires ont toujours observé avec beaucoup de distance les emballements idéologiques, mais aujourd'hui un véritable gouffre anthropologique s'est creusé. Le séparatisme géographique et culturel est tel qu'il ne permet plus le partage d'un socle minimal de références politiques ou philosophiques.

---

1. En mai 2017, l'heure est grave. La stabilité du système et donc du patrimoine est en jeu. Faisant fi de leurs « valeurs », les bourgeoisies ne tremblent pas : la bourgeoisie conservatrice apporte ses suffrages au très progressiste Macron ; la bourgeoisie progressiste, pourtant très remontée contre ce « candidat de la finance », n'hésite pas non plus.

Qui peut croire encore à l'existence d'une mondialisation heureuse, à la solidité de l'État-providence et des services publics, à l'excellence de nos systèmes de santé et d'éducation, à la promesse de protéger l'environnement et de fortifier le vivre-ensemble ?

Y croire sincèrement ? Personne.

Les gens se détournent, les conversations d'en haut n'intéressent plus, les soirées électorales font tellement peu d'audience qu'elles sont désormais écourtées, voire remplacées par de vrais divertissements [1].

En apparence indifférentes à la chose publique, les classes populaires sont invariablement condamnées et accusées de « je-m'en-foutisme ». Lorsque la grosse caisse de la fascisation ne joue pas, elle est remplacée par cette petite musique de fond de l'indifférence et du repli sur soi. Les niveaux d'abstention prouveraient le désintérêt du bien commun. À chaque élection, la même rengaine. En votant « mal » et surtout en s'abstenant, les plus modestes montreraient leur profonde inattention aux autres et à la société. Ce tableau navrant occulte un détail : l'adaptation des offres électorales à la demande des classes supérieures. Cette offre

1. En 2022 sur TF1, la soirée électorale du premier tour de l'élection présidentielle a été très courte et suivie par la énième diffusion du film *Les Visiteurs*.

« CSP+ » n'a cessé de s'étendre au détriment de l'offre « populaire ». Libéral, écologiste, de droite ou de gauche, jeune ou âgé, l'électeur aisé trouvera toujours son bonheur sur le marché de plus en plus gentrifié du politique.

À la manière des grands magasins parisiens qui ont peu à peu abandonné le segment des catégories moyennes et populaires [1], le marché électoral s'est spécialisé dans le haut de gamme. La majorité populaire, qui a compris qu'elle ne pourrait rien y trouver d'abordable, ne le fréquente plus ou de moins en moins ; ceux parmi elle qui consomment encore du politique se dirigent plutôt vers les enseignes « populistes », bas de gamme, les hard-discounts du secteur [2].

Majoritaire dans la plupart des scrutins, l'abstention des classes populaires est moins une indifférence à la chose publique (une dépolitisation) que le constat de la dépossession de leur souveraineté. Voter ou ne pas voter, là n'est pas la question. En réalité, les gens ordinaires ne sont guère plus intéressés par le débat politique contemporain que par le cinéma français subventionné qui ne filme que

1. Le summum ayant été atteint avec la rénovation de La Samaritaine à Paris.

2. Un hard-discount est un magasin libre-service à prédominance alimentaire qui se caractérise par des prix de vente en dessous de la moyenne, une petite surface de vente et un assortiment de produits restreint.

lui-même, en oubliant la majorité sociologique du pays. Cela ne veut pas dire qu'ils n'aiment pas le cinéma ! L'abstention illustre l'autonomisation des classes populaires, pas leur repli. L'idée saugrenue selon laquelle elles auraient délibérément choisi de se recroqueviller sur leur sphère privée est typique d'une analyse surplombante et hors-sol, qui omet un point essentiel. En premier lieu, que l'individualisme est surtout une idéologie ; et par ailleurs, que les gens ordinaires n'ont pas les moyens de cet individualisme. Leur vie est régie par les solidarités contraintes d'un quotidien impacté par la faiblesse de leurs revenus, faiblesse qui enrichit un capital social et immatériel absolument vital à leur survie.

L'attachement au commun, aux services publics, à l'État-providence, au régalien ne s'est jamais démenti. Pourquoi ? Parce que les gens savent pertinemment qu'ils n'ont pas les moyens, contrairement aux classes supérieures, de se faire soigner dans des cliniques privées, de scolariser leurs enfants dans des collèges privés ou de confier leur sécurité à des gardes du corps privés. Ils sont aux prises avec une radicalité que ne connaissent pas les experts de salon.

Au salon, on aime ça, la radicalité. Les postures « disruptives », les exaltations révolutionnaires, les discours qui « renversent la table » ont toujours excité la bourgeoisie. En 2017, Emmanuel Macron n'avait-il pas nommé son livre-programme *Révolution* ?

Des rebellocrates de plateau aux scénaristes de l'industrie de l'entertainment, la subversion est promue, fêtée, encouragée et contrôlée. Mais, s'il y a une forme de radicalité dont on se méfie, c'est bien celle de la majorité ordinaire, qui ne joue pas aux révoltés en carton mais porte la véritable subversion de la vie ordinaire, en tout point antinomique avec le modèle dominant.

Cette radicalité, ce mouvement autonome, est le produit d'une lutte quotidienne. Et, contrairement à ce que l'air du temps chantonne, elle n'oppose pas « la fin du mois » à la « fin du monde » (encore un narratif imaginé par les élites qui suggèrent une rivalité entre les losers et les poètes), mais le marché et l'existence même ; elle oppose ceux qui nous abreuvent du récit illusoire d'un modèle bienfaiteur en se protégeant de ses effets néfastes et ceux qui affrontent la véritable altérité, l'altérité sociale d'un système de plus en plus inégalitaire et précarisant, ainsi que l'altérité culturelle. Cette altérité, promue mais jamais vécue par les élites, est à la source du grand mouvement existentiel des classes populaires.

8.

Pas contre mais ailleurs

Imperméables aux harangues de ceux qui les dépossèdent, les petites gens ont enclenché un soulèvement dont les ressorts sont surtout immatériels.

Ce n'est pas un appel au secours adressé à nos dirigeants, mais un appel existentiel qui est lancé à la société elle-même. Sa singularité est de ne reposer sur aucune idéologie, mais sur une force première, vitale, produite par l'expérience fondamentale de l'existence, d'un combat quotidien qui permet d'affronter le réel avec de l'énergie et non pas avec des systèmes. Fondé sur un acte de rébellion originel (« non au récit dominant »), ce mouvement ne peut se réduire aux cadres étroits de l'analyse technocratique. Sans égard pour le moralisme de l'époque, les gens ordinaires ont ainsi façonné en quelques petites décennies le socle culturel, le point d'appui, sur lequel rebâtir un modèle qui ferait sens.

À chaque élection, à chaque poussée de fièvre sociale, les « devins de la République [1] », comme les appelle Jacques Julliard, chercheurs, experts, journalistes et sondeurs, sont sur le pont pour nous expliquer ce que les Français ont voulu dire. « Au soir de l'élection, le terrain n'appartient plus à l'électeur mais au commentariat [...] coiffé d'une casquette à carreaux et armé d'une énorme loupe, ou mieux encore du chapeau et de la pipe du commissaire Maigret. » Et Julliard de mettre le doigt sur un point essentiel lorsqu'il rappelle que « jusqu'à la veille de la Seconde Guerre mondiale, il revenait aux élus de décrypter et de donner un sens aux oracles monosyllabique tombés de la bouche de la Sibylle » [2]. « Cet insupportable huis clos » est le fruit d'un long processus qui a vu le technocrate se substituer au politique, le panel à la majorité, la lecture marketing à la dimension existentielle. Les débats récurrents et interminables qui consistent à deviner si la priorité des électeurs est « le pouvoir d'achat », « l'environnement », « l'insécurité » ou « l'immigration » est typique de cette dérive.

Le fond est ailleurs. Mais cet « ailleurs » est-il encore à la portée d'une classe politique désormais convertie au management de l'entreprise ? Dans

1. Jacques Julliard, « La campagne électorale a pris la forme d'un insupportable huis clos », *Le Figaro*, 1er mai 2022.

2. *Ibid.*

ce microcosme, l'évocation d'un mouvement immatériel provoque au mieux une incompréhension, au pire l'indifférence, et toujours le ricanement. Mais peut-il en être autrement ?

Comment une force qui rassemble toutes les dimensions de l'existence (du social au culturel, de l'économique au politique, du matériel au spirituel) pourrait-elle se réduire à la vision algorithmique des technos de Bercy et des pubards de BETC[1] ? Comment évoquer ce qui « est » aux apôtres du bougisme[2] ?

Nous n'allons pas ici donner raison à Jacques Julliard, enfiler nous aussi la casquette de Sherlock Holmes ou le chapeau du héros de Simenon, et mener l'enquête. Laissons de côté la loupe et la pipe, essayons simplement de rappeler ce qui fait la richesse et la radicalité de la vie ordinaire. Elle ne s'inscrit pas dans un devenir modelisé, mais dans une réalité complexe et ambivalente que les robots qui nous gouvernent n'arrivent pas à saisir.

« Sociale », de gauche, d'extrême gauche ou marxiste, pour les uns, « identitaire », de droite, d'extrême droite ou maurassienne pour les autres, l'étiquetage de cette contestation paraît impossible.

---

1. Babinet Erra Tong Cuong Euro RSCG, célèbre agence de communication française créée dans les années 1990 et aujourd'hui 4e agence mondiale du secteur.

2. Pierre-André Taguieff, *Résister au bougisme*, Fayard, 2001.

Nous ne sommes face à un remake ni des jacqueries du Moyen Âge, ni des mouvements ouvriers des années 1930, ni de la révolution de Mai 68, mais bien face à la nouveauté d'un mouvement au sein duquel les questions de « fin du mois » et de « fin du monde » sont imbriquées.

La contestation des peuples n'appartient plus à ceux qui les ont oubliés et mis à l'écart. Ni aux politiques, ni aux syndicats, ni au monde de la culture, ni à l'intelligentsia. Elle n'appartient pas non plus à un camp, ni à la gauche, ni à la droite, ni non plus aux extrêmes. Elle n'épouse pas davantage la commode « lutte des classes à l'ancienne » née d'un conflit conscient de catégories intégrées économiquement et culturellement et donc représentées politiquement. Elle n'entre dans aucun cadre sociologique ou idéologique préétabli.

Les catégories populaires ne partagent pas une « conscience de classe », mais quelque chose de plus puissant qui est leur destin commun. Elles ont forgé un diagnostic solide des effets du modèle économique et sociétal qui leur a été imposé. Elles ne se sont pas endurcies grâce à des luttes sociales catégorielles, mais « grâce » à l'ostracisation culturelle dont elles font l'objet.

Pour la première fois, la majorité ordinaire n'est pas « contre » le spectacle d'un pouvoir politique impuissant, mais « ailleurs ». Et ce positionnement au-delà des luttes et de la conscience sociales sous contrôle le déstabilise.

Un dialogue de sourds

Incapable de comprendre la nature profonde de la contestation, il cherche alors à la réduire à des thématiques facilement « diabolisables », en mettant par exemple en avant le niveau du vote pour des partis populistes ou la violence de certaines manifestations. Ces sujets dérisoires, dont le seul objectif est d'alimenter le narratif de la peur par les médias, passent à côté de la force tranquille de gens qui ne se battent pas contre un pouvoir factice mais pour leur existence.

L'incompréhension de la nature de ce mouvement s'est révélée crûment pendant la crise des Gilets jaunes. Les experts, consultants et politiques [1] demandaient aux gens d'exposer leur programme, de répondre à des QCM, de choisir entre le « pouvoir d'achat » et le « mode de vie », d'expliciter par des chiffres et des revendications « concrètes » ce qu'ils réclamaient. De combien avaient-ils besoin ? Quel montant fallait-il inscrire sur les chèques ?

1. « Des Gilets jaunes aux grandes réformes, les consultants en première ligne du quinquennat », *Le Monde*, 17 mars 2022.

Souhaitaient-ils un revenu universel ? Alors que la force de cette révolte était justement de ne jamais proposer de « solutions clé en main » à toutes ces questions, les gens répondaient simplement « nous voulons exister ».

Cette transcendance percute intellectuellement. Irréductible aux présentations PowerPoint et tableurs Excel, ce mouvement tétanise, car il ne parle pas seulement de pouvoir d'achat mais de toutes les dimensions de l'existence. La question sociale pour les gens ordinaires, c'est remplir son caddie, mais c'est aussi et surtout se réaliser dans son travail, et être respecté dans sa vie sociale.

Cet enjeu dépasse complètement les pouvoirs occidentaux qui pensent, comme avant eux les régimes totalitaires (en URSS, par exemple, les gens étaient nourris, logés, soignés), qu'il suffit d'assurer le « matériel » pour faire une société (en)viable. Désormais, toutes les crises se gèrent à coups de milliards. La « grande » politique se résume à une seule chose : faire tourner la planche à billets, distribuer l'argent et accroître l'endettement. Cette fuite en avant matérialiste trouve son apogée dans un projet promu depuis des années par les élites libérales de Davos [1], de la Silicon

1. Le Forum économique mondial annuel ou Forum de Davos (en Suisse) est le plus grand rassemblement privé d'élites de la planète.

Valley et de la gauche bourgeoise (l'expression devient un pléonasme) : le revenu universel. Une nouvelle fois, l'incompréhension est totale entre, d'un côté, des gens ordinaires qui luttent pour retrouver leur place et leur dignité, et, de l'autre, des classes dirigeantes qui résument ce combat à une ligne budgétaire.

Les classes populaires ne demandent pas la charité, mais un travail correctement rémunéré et encadré par le droit qui leur offre une sécurité. Faut-il le rappeler, l'existence sociale est garantie par l'accès à une fonction (sociale), pas à des prestations (sociales).

S'il révèle une méconnaissance profonde du rejet, de la part des plus modestes, de ce qu'on nomme « l'assistanat » (qu'ils ne confondent pas avec l'État-providence), le revenu universel constitue l'épilogue ultime du long processus de leur mise à l'écart. Après plusieurs décennies de saccage social, il marque le début de l'ère de la dépendance.

Ce projet révèle la perception fondamentalement matérialiste du « bloc élitaire [1] », pour qui le rôle social des classes populaires ne serait plus que de consommer. Ce n'est pas un hasard si la thématique du « pouvoir d'achat » se substitue peu à peu à celle du travail. Elle offre la possibilité à la technocratie d'habiller d'un vernis social un projet ravageur pour la société et de mettre ainsi en scène

1. Jérôme Sainte-Marie, *Bloc contre bloc*, Lexio, 2020.

sa bienveillance, son attention aux plus faibles et sa volonté de redistribuer « quoi qu'il en coûte [1] ».

Présentée comme « généreuse et solidaire », cette politique est d'abord, on oublie de préciser, la conséquence d'un modèle qui a détruit l'emploi industriel. Cela permet également de faire passer le surendettement (donc la soumission des États aux banques) pour la conséquence d'un État-providence trop généreux (donc des demandes sociales excessives des classes populaires). Pourtant, si les besoins sociaux sont importants, c'est d'abord parce que le modèle économique porté par les élites a échoué à créer suffisamment d'emplois, et surtout des emplois stables correctement rémunérés. Cette inversion accusatoire est d'autant plus perverse qu'elle justifiera demain une augmentation de l'imposition de la majorité ordinaire (directe ou indirecte) pour payer cet endettement.

Notons que la même rhétorique est utilisée lorsque les élus et habitants de la France périphérique dénoncent le retrait des services publics [2],

---

1. Expression utilisée par Emmanuel Macron et Bruno Le Maire pendant la crise sanitaire en 2020.

2. En trente ans, près de la moitié des bureaux de poste, près de 40 % des maternités, 30 % des gares ferroviaires, 30 % des perceptions, 25 % des écoles, 50 % des antennes de la Banque de France et des juridictions judicaires ont fermé. Aleksandra Barczak, Mohamed Hilal, *Quelle évolution de la présence des services publics ?*, Presses universitaires de Rennes, 2016.

auquel on oppose toujours l'importance des transferts (prestations sociales, salaires des fonctionnaires et même pensions de retraite). Dans ce dialogue de sourds, les uns parlent d'une réalité sensible, celle d'un rapport à l'État et de la place de la France populaire dans le modèle économique, les autres de la théorie libérale du ruissellement. Là encore, le fond, c'est-à-dire désindustrialisation, pénibilité du travail et stagnation des revenus sont occultées. L'existence de cette France se limite à une péréquation.

Les classes populaires sont réduites, par cette vision comptable, à une masse anomique dont la vie se résumerait aux articles entassés dans leurs caddies. Et c'est ainsi qu'une bourgeoisie repue se rassure en les faisant passer pour des imbéciles dont l'horizon se limiterait à ça, remplir des caddies. L'attaque était d'ailleurs bien là pendant la crise des Gilets jaunes : les petits soldats du système ne cessaient de s'étonner du confort matériel des manifestants qui achètent des produits inutiles (écrans plats, smartphones), voire, scandale, des produits de marques [1]. Cette ritournelle n'est pas

1. Régulièrement évoquée, la taille des écrans dans les pavillons vient conforter l'image du « beauf » avachi devant sa télévision ; on omet de signaler que les plus gros consommateurs d'écrans et de médias (Internet et plateformes) sont en réalité les catégories sociales supérieures. Media in Life, Médiamétrie, 2019.

nouvelle, depuis des siècles la bourgeoisie suggère que, si les pauvres sont pauvres, c'est d'abord parce qu'ils ne savent pas gérer leur budget (« Tu es pauvre ? Arrête. »)

Cette représentation sournoise de la société populaire sur l'air de « Mais de quoi se plaignent-ils ? » est d'autant plus indécente qu'elle est portée par des catégories qui surconsomment et pour lesquelles il est de bon ton de railler et de juger le niveau de consommation de ceux qui vivent à 50 euros près [1].

Sans compter que cette association « populaire égale consommateur » ne correspond absolument pas à la réalité. En juin 2022, l'institut Ipsos confirmait que la marge de manœuvre budgétaire des Français n'avait cessé de baisser, et qu'aujourd'hui 58 % d'entre eux font leurs courses à 10 euros près ou moins [2] ! L'enquête insiste par ailleurs sur le fait qu'une majorité fait des « économies choisies » sur les besoins dits « secondaires », tels que les sorties et les produits culturels pour 60 %, les vêtements pour 56 % et les produits high-tech pour 54 %. Et, désormais, 66 % des

1. Les deux premiers postes de dépenses des plus aisés sont les transports et les biens et services, alors que le logement et l'alimentation sont ceux des plus modestes. Source : Insee.

2. Baromètre consommation Ipsos, 14 juin 2022.

gens attendent que les produits soient en promotion pour les acheter. On est donc bien loin de l'éternelle représentation bourgeoise du pauvre qui ne sait pas gérer son budget. Ce qui n'est pas surprenant, au regard de la faiblesse des revenus disponibles. L'institut Ipsos estime d'ailleurs que le panier d'achat moyen est de 377 euros par mois par famille (un couple et deux enfants) pour les courses du quotidien. Loin, bien loin d'une France populaire qui ripaille ! La société de consommation, horizon de la majorité ordinaire ? Vraiment ?

Ce n'est pas la consommation qui rythme le quotidien des gens ordinaires, mais l'insécurité sociale provoquée par le manque d'emploi et la faiblesse des revenus ; une tension sociale fortement ressentie par ceux qui vivent à l'écart des zones d'emplois les plus actives [1].

Et un Grenelle de l'existence ?

À cette insécurité sociale sont venues s'adjoindre les insécurités physique et culturelle. Pour les classes populaires, la diffusion de l'insécurité est l'un des signes majeurs d'une détérioration de leur

1. La désespérance qui s'exprime lorsqu'un plan social ou qu'une fermeture d'usine vient frapper la France périphérique en est la triste illustration.

mode de vie. Dans ce domaine, l'échec de l'État est perçu, au mieux comme la preuve d'un véritable déclassement, au pire comme un abandon. L'explosion des violences aux personnes, la multiplication des quartiers contrôlés par les trafiquants et la diffusion de la délinquance sur l'ensemble du territoire [1] ont fait voler en éclats un cadre essentiel aux yeux des gens ordinaires, celui de la maîtrise de l'espace public. Dans l'imaginaire populaire, « la rue » n'est pas seulement un lieu de passage, elle est aussi le lieu où l'on existe, où l'on échange, où l'on est respecté. En laissant s'installer l'insécurité, les classes dirigeantes ont privé les gens modestes du lieu d'exercice de leur capital social.

Ce manquement est vécu comme une négation de leur existence, il souligne la place de « ceux qui ne sont rien », de ceux qui n'ont pas les moyens de déménager ou de se protéger.

L'insécurité culturelle qui fragilise le mode de vie est liée à l'échec de l'État dans l'une de ses missions régaliennes : la régulation des flux migratoires.

Là encore, les classes populaires font un diagnostic majoritaire, ultramajoritaire. Quels que soient leur origine sociale et leur lieu d'habitation (des zones rurales aux banlieues sensibles des grandes villes), les catégories modestes n'attendent qu'une chose : que l'État prenne ses responsabilités.

1. « Insécurité et délinquance en 2021 », ministère de l'Intérieur.

Après avoir perdu leur statut de « référent économico-social », les classes populaires et moyennes ont été dépossédées de leur statut de « référent culturel », hier encore opératoire pour les élites comme pour les nouveaux arrivants. En perdant ce statut, les gens ordinaires (quelle que soit leur origine) voient leur existence culturelle contestée par le haut ET par le bas.

La défense d'un mode de vie protecteur n'est pas l'apanage de quelques rednecks en déshérence, il est un invariant, un instinct de survie commun à l'ensemble des classes populaires, y compris dans les quartiers d'immigration. Plongées dans le modèle multiculturel des grandes métropoles, les catégories populaires immigrées se protègent en lui opposant la cohérence culturelle de leur système de valeurs. Contrairement aux « anciens » immigrés arrivés avant les années 1980, les nouveaux s'installent dans des espaces où ils n'ont plus sous les yeux la référence majoritaire des classes populaires « traditionnelles ». L'assimilation à un socle commun et populaire n'est donc plus possible. Ne se reconnaissant pas non plus dans le bain culturel de la bourgeoisie métropolitaine, les nouvelles classes populaires immigrées s'attachent donc à un mode de vie protecteur fondé sur des valeurs importées. Si les dérives de ce modèle sont connues (communautarisme, islamisation, contre-société), on ne souligne pas assez que le ressort profond de la majorité des habitants de ces quartiers est d'abord de défendre leur socle culturel protecteur face au modèle dominant des grandes villes. Si le modèle métropolitain est parfaitement adapté à une bourgeoisie qui a les moyens de se préserver (socialement et culturellement), il crée une insécurité culturelle majeure au sein de ces classes populaires immigrées. L'attachement aux traditions, à la religion, et même au drapeau (que l'on voit surgir à toute occasion au cœur des métropoles mondialisées, au sein desquelles le nationalisme est pourtant proscrit), sont autant de signes de leur volonté (universelle) de préserver leur capital culturel protecteur.

En banlieue comme dans la France périphérique, il faudra bien plus qu'un Grenelle de l'existence pour « régler » ce mouvement de contestation des classes populaires. Il ne faudra pas moins qu'un changement de modèle.

Elle est décidément « ailleurs », cette contestation, elle a fait un pas de côté radical, elle produit une critique bien plus fondamentale et sérieuse qu'une révolution sous contrôle et, in fine, elle est une réponse à « l'empire du moindre mal [1] », cette société libérale qui avait exclu de l'espace public toute référence à l'idée de morale commune. En la replaçant au centre, le mouvement existentiel des gens ordinaires prépare l'implosion.

1. Jean-Claude Michéa, *L'Empire du moindre mal*, Champs Flammarion, 2021.

9.

Retour au centre

Ce n'est pas parce que la contestation repose sur un phénomène fondamentalement moral, c'est-à-dire juste, qu'elle l'emportera. On peut espérer que, de défaites en défaites, la victoire soit au bout du chemin, mais, pour paraphraser Charles Péguy, « la vertu a les mains pures, mais elle n'a pas de mains [1] ». Le « bloc élitaire » n'est encore ni défait ni remplacé, simplement fragilisé, mais ses jours sont comptés, les mouvements sociaux et politiques de ces dernières années n'étant que des préludes à la tempête qui s'annonce. D'autant qu'il existe un processus qui joue inéluctablement en sa défaveur : celui de l'autodestruction du modèle.

En miroir, on assiste à l'autodestruction des élites dirigeantes elles-mêmes. Afin d'assouvir leurs

1. « Le kantisme a les mains pures, mais il n'a pas de mains », in *Œuvres en prose complètes*, Gallimard, 1992.

désirs de puissance, de richesse et de contrôle, elles ont signé un pacte faustien (abandonner le bien commun, la société, la majorité) et, par là même, enclenché un minuteur qu'elles ne peuvent plus arrêter. Leur avenir est suspendu à une « peau de chagrin [1] ». Comme dans le roman, elles ne se préoccupent pas plus que ça de l'avertissement diabolique : « Si tu me possèdes, tu posséderas tout, mais ta vie m'appartiendra. » Inéluctablement, au rythme de leurs succès politiques, culturels ou financiers, le cercle des jours, figuré par cette peau, rétrécit. Et, comme le héros balzacien Raphaël de Valentin, elles s'imaginent être à la tête d'un modèle qui ne mourra jamais.

L'Idiot

Cet entêtement, cet enfermement intellectuel, cette bêtise sont si répandus qu'on peut parler d'idiocratie [2]. Nassim Nicholas Taleb a été l'un des premiers à évoquer cette figure ridicule typique de la modernité de l'« intellectuel idiot ». C'est l'expression que le chercheur a trouvée pour

1. Honoré de Balzac, *La Peau de chagrin*, paru en 1831.
2. Le terme idiocratie est utilisé pour décrire un gouvernement qui est régi par des personnalités incompétentes, voire imbéciles.

désigner ces « intellectuels paternalistes diplômés des grandes écoles qui s'arrogent le droit de nous dire ce que nous devons faire, ce que nous devons manger, comment parler, comment penser et pour qui voter mais qui n'ont aucune idée des ressorts de la vie ordinaire [1] ». Il pointe ainsi du doigt le fait que plus la baisse de niveau intellectuel et culturel des « élites » devient visible, plus ces dernières ostracisent le bas.

Cette dégringolade, particulièrement évidente pour qui observe un tant soit peu la vie politique occidentale, touche en réalité la plupart des élites. Par exemple, dans leur rapport sur le concours d'entrée 2017, les jurys de l'Ena [2] pointaient ces baisses de niveau : uniformité des copies, incapacité des aspirants à produire « une réflexion originale, à penser par eux-mêmes [3] » et dont le conformisme est tel qu'ils « ânonnent une pensée unique en se montrant incapables de proposer une réflexion personnelle ». Déjà cinquante ans plus tôt, dans un essai offensif, Jean-Pierre Chevènement pointait les membres de « l'énarchie » comme des « mandarins

1. Nassim Nicholas Taleb, *Le Cygne noir*, Les Belles Lettres, 2010.

2. L'École nationale d'administration a été dissoute en 2021.

3. « Le jury de l'Ena décrit des candidats moutonniers, incapables de penser par eux-mêmes », *Marianne*, 2 mars 2018.

de la société bourgeoise »[1]. L'Ena souligne désormais elle-même que les têtes bien pleines, parfois « incapables de mettre en perspective, voire de comprendre les sujets » et ne maîtrisant pas toujours l'orthographe, aspirent à présider aux destinées du pays. Ce focus sur « l'énarchie » est représentatif d'un monde d'en haut en bout de course. Difficulté à raisonner, incapacité à prendre en compte une réalité qui la dépasse, soumission à une dictature de l'émotion et à un politiquement correct niais, manque de discernement : la fausse élite ne fait plus guère illusion, et c'est pourquoi elle n'a de cesse de retourner le stigmate et de souligner toujours plus la bêtise potentiellement destructrice des gens modestes[2].

Par ailleurs, cette baisse de niveau culturel et intellectuel, à l'origine de la perte de sens du politique, provoque mécaniquement une montée de l'emphase technocratique et communicationnelle qui imprègne désormais tous les domaines de la formation, de l'information, de la culture, de l'éducation et de la recherche. Dissimulant la bêtise derrière le diplôme, la représentation commode d'une

1. *Ibid.*

2. Par exemple, oubliant que, dans les années 1930, Joseph Goebbels n'avait pas séduit qu'une masse d'abrutis, mais au contraire les intellectuels et les industriels de l'un des pays européens les plus éduqués de l'époque, les « idiots intelligents » passent leur temps à alerter sur le danger

société divisée entre les gens « éduqués » et surdiplômés (l'absence de diplôme, lire « la bêtise », est systématiquement convoquée comme cause du vote populiste) et les non- ou faiblement diplômés (la plèbe) est l'assurance vie des classes dominantes. Le problème, c'est que, si elle est efficace pour verrouiller le débat, cette représentation accélère un peu plus leur confinement intellectuel.

Car, aveugles et sourdes, les classes dirigeantes des pays occidentaux sont également impuissantes. Une impuissance qu'elles ont organisée et fabriquée patiemment, tout d'abord en livrant le politique à des instances technocratiques supranationales, puis en s'abandonnant aux banques et, par conséquent, en faisant exploser la dette. Illégitime aux yeux de l'opinion, sans véritable pouvoir économico-politique, leur monde s'autodétruit sous nos yeux.

La démondialisation est en marche. Elle est mesurable. Alors que, pendant presque quarante ans (1980-2017), le commerce international progressait deux fois plus rapidement que le PIB mondial (selon l'Insee, le premier a été multiplié par 6,8 et le second par 3,5), le mouvement s'est depuis inversé [1].

---

imminent du retour d'une brutalité intrinsèque aux gens ordinaires.

1. « Les Français doivent-ils avoir peur de la démondialisation ? », *Le Figaro*, 6 juin 2022.

L'OMC prévoit qu'en 2022, la production mondiale devrait augmenter plus vite que le commerce. Désormais, les échanges portent de plus en plus sur les services et de moins en moins sur les marchandises. Ce constat témoigne d'une relocalisation progressive de l'activité productive qui, pour de nombreux pays occidentaux, est devenue vitale.

L'organisation totémique du monde d'en haut autour du triptyque mondialisation/libre-échange/métropolisation bat de l'aile. Une partie des élites n'y croit plus. On compte même des apostats sur le navire amiral aux États-Unis et dans un camp au-dessus de tout soupçon : la classe dirigeante dite progressiste. Si Donald Trump nous avait habitués à la critique du libre-échange et à la nécessité de relocaliser les industries, on ne s'attendait pas à la déclaration de la secrétaire au Trésor de l'administration Biden d'avril 2022. Janet Yellen, par ailleurs brillante économiste, annonça indirectement la mort de la mondialisation en parlant de *friend-shoring*, en français « amilocalisation » ; en d'autres termes, elle inventa l'oxymore d'une « mondialisation entre amis ». En substance : « À l'avenir, il sera de plus en plus difficile de séparer les questions économiques des considérations plus larges d'intérêt national, y compris de sécurité nationale [1]. »

---

1. « La nouvelle mort annoncée de la mondialisation », *Le Devoir*, 15 avril 2022.

Démondialisation, promotion des circuits courts, priorité aux intérêts nationaux, le modèle dominant se vide peu à peu de sa substance. S'il ne fait pas de doute qu'à la manière d'un héros dostoïevskien [1], une fraction de l'élite prendra conscience de l'insignifiance et de la dangerosité du modèle, l'épiphanie n'est pourtant pas pour demain. Plus elles apparaissent fragilisées et illégitimes, plus les classes dirigeantes semblent afficher leur arrogance et leur suffisance. Elles ne parlent plus, elles prêchent, font la morale et affichent leur autosatisfaction. Encore porté par leur force d'inertie, le bateau ivre du modèle dominant poursuit sa route. En Occident, où l'on produit plus de mots (et de dette) que de biens, ce vaisseau ressemble à la nef des fous.

L'Occident n'a besoin de personne pour décliner

On n'a jamais autant parlé de la fin de l'Occident. Il ne se passe pas un jour, pas une semaine sans qu'un intellectuel n'évoque la fin de ce bloc civilisationnel. Portée par le camp néoconservateur, cette thématique n'est pas nouvelle, puisque c'est en 1918, dans le contexte d'autodestruction de

1. Fiodor Dostoïevski, *Le Rêve d'un homme ridicule* [1877], Actes Sud, 1993.

l'Europe, qu'Oswald Spengler publiait son texte polémique, *Le Déclin de l'Occident* [1]. Dans cet essai métaphysique, le philosophe allemand exposait sa conception cyclique des civilisations et des cultures qui vivraient « leur enfance, leur jeunesse, leur maturité et leur vieillesse ». Un siècle plus tard, Régis Debray [2] s'étonnait que le mot « occident », qui au XXe siècle « sentait le soufre », soit désormais couramment utilisé, même par des intellectuels progressistes. Cette résurgence a été favorisée par le grand débat du siècle entre Francis Fukuyama, qui annonçait la « fin de l'Histoire », et Samuel Huntington « le choc des civilisations [3] ».

Le texte de Fukuyama, publié après la chute du mur de Berlin et l'effondrement de l'Empire soviétique, annonçait la victoire des valeurs occidentales. À l'inverse, celui de Huntington mettait l'accent sur l'émergence de blocs civilisationnels potentiellement conflictuels. Pour Hubert Védrine, par exemple, la fin de l'Histoire était en fait moins le sujet de Fukuyama que celui de la « renaissance d'un optimisme libéral après le siècle et la chute

1. Oswald Spengler, *Le Déclin de l'Occident* [Gallimard, 1967], *Encyclopaedia Universalis*, 2015.

2. « Occident et mondialisation », Fondation Res Publica, 21 janvier 2013.

3. Samuel P. Huntington, *Le Choc des civilisations*, Odile Jacob, 1996.

des totalitarismes[1] ». Et, aujourd'hui, l'ancien ministre des Affaires étrangères du gouvernement socialiste des années 1990[2] reconnaît que c'est Huntington qui n'avait « hélas pas tort », que le monde dans lequel nous vivons ressemble moins à celui de Fukuyama qu'à celui de Huntington. Si les Occidentaux ont dominé le monde pendant trois, quatre siècles, d'autres pays veulent maintenant prendre leur revanche en refusant l'« évangélisation » qui s'est accélérée avec la fin de l'Union soviétique, notamment sous la bannière des « Droits de l'homme ». Le monopole occidental dans la conduite des affaires économiques et géopolitiques a vécu. Le monde est devenu multipolaire et se désoccidentalise pour preuves le dynamisme des BRICS[3] et l'atonie des pays du G7[4].

Le dynamisme économique des pays émergents, mais également la croissance démographique des mondes musulman et africain, éclairent a contrario

---

1. Fondation Res Publica, 4 octobre 2018.

2. Hubert Védrine, *Une vision du monde*, Bouquins, 2022.

3. Brésil, Russie, Inde, Chine, Afrique du Sud représentent 45 % de la population mondiale et un quart de l'économie mondiale. En 2050, la Chine deviendra la première puissance économique, devant les États-Unis.

4. 67 % du PIB mondial en 1980 contre 45 % aujourd'hui, 15 % de la population mondiale en 1975 contre moins de 10 % aujourd'hui.

la perte de vitalité et le déclin en Occident. Ce thème de l'épuisement n'est plus la chasse gardée de quelques cassandres ou quelques néocons, mais imprègne une large partie de l'opinion. Sur fond de collapse écologique, les signes d'une fin de partie occidentale se multiplient : retard économique, désindustrialisation, dédollarisation [1], surendettement, vieillissement de la population, intensification des flux migratoires, crise des systèmes scolaire et universitaire. Au bout de ce processus inéluctable, le risque d'un anéantissement se précise. Entre ceux qui l'analysent objectivement et ceux qui le déplorent, ce tableau pèche par un oubli majeur de tous : la mise à l'écart de ceux qui portent la civilisation, ses valeurs et sa dynamique interne, les gens ordinaires. Car, si « l'histoire de l'Europe occidentale est un destin voulu [2] », force est de constater qu'en excluant les classes populaires, ce sont les élites dirigeantes qui ont rompu ce destin et que les autres blocs civilisationnels n'y sont pas pour grand-chose.

1. La dédollarisation est la substitution du dollar américain comme monnaie utilisée pour le commerce du pétrole et des matières premières et les accords commerciaux.

2. La citation complète de Spengler, imprégnée du complexe de supériorité des occidentalistes de l'époque, est la suivante : « L'histoire de l'Europe occidentale est un destin voulu, l'Inde a un destin fortuit. »

Autrement dit, l'Occident se charge seul de son anéantissement.

En réalité, l'Occident n'a besoin ni de la Chine, ni de l'islam, ni du réchauffement climatique pour disparaître. Il s'en charge tout seul. Ce sont moins des puissances, des idéologies ou des religions extérieures qui détruisent les pays occidentaux qu'un processus d'autodestruction qui les prive de leurs ressorts vitaux et de leurs défenses. Cette autodestruction de l'économie, des valeurs communes, du mode de vie n'a pas grand-chose à voir avec l'Inde, le Moyen-Orient ou le vieillissement de la population [1], mais tout à voir avec l'abandon de la société ordinaire, l'erreur-système ultime.

En l'éjectant de la matrice, les élites dirigeantes ont anéanti le socle culturel qui incarne et fait vivre les valeurs de toute civilisation. L'éloignement dans les périphéries géographiques et culturelles de ceux qui portent ce système de valeurs est le démarrage du processus de dévitalisation puis de décivilisation. Préférant détourner le regard sur ce bug originel, on accuse l'extérieur, les autres.

Comment imaginer « sauver » une civilisation en laissant au bord du chemin ceux qui portent et

---

1. Contrairement à ce que l'on assène, la « faiblesse » du monde occidental n'est pas le vieillissement de sa population : ce processus concerne toute l'humanité, singulièrement l'Asie pourtant économiquement triomphante, mais à l'exception temporaire de l'Afrique.

font vivre au quotidien les valeurs et le mode de vie qu'elle a produits ? Aujourd'hui, les sociétés occidentales n'ont pas besoin d'une « guerre de civilisations », dont elles n'ont plus de toute façon ni les moyens ni surtout l'envie, mais d'un électrochoc social qui répondrait non seulement à la déploration généralisée, mais également à l'anéantissement programmé.

Dans son roman *Anéantir* [1], Michel Houellebecq évoque « le ralentissement et l'immobilisation de l'Occident » comme des « préludes à son anéantissement ».

Le retour à ses ressources humaines en est le remède.

La longue chronique de l'aveuglement arrive à son épilogue. La magie des trois contes qui la composent (« *no alternative* », « *no society* », « *no majority* ») n'opère plus. Les joueurs de flûte jouent de plus en plus faux, et la foule enthousiaste qui les suivait hier s'est transformée en une marche déglinguée de zombies qui accompagnent encore des élites impuissantes dont les jours sont comptés.

Faut-il, aux côtés des griots, poursuivre l'aventure vers un chaos programmé ou s'ancrer à nouveau dans la réalité avec la société ordinaire ? Prolonger avec les possédés ou reconstruire avec les dépossédés ? En réalité, nous ne sommes pas face

1. Michel Houellebecq, *Anéantir*, Flammarion, 2022.

à un choix, mais face à une nécessité. Trop longtemps placée à la périphérie du monde, la majorité ordinaire DOIT revenir au centre.

Sans surprise, ce retour au centre sera vivement contesté. L'intelligentsia hautaine nous expliquera que le monde est trop complexe pour être porté par des gens pas assez diplômés, que la vie de déplorables ne peut représenter un modèle. Ah, qu'il est loin le temps où l'on pouvait s'amuser du fait que « deux intellectuels assis vont moins loin qu'une brute qui marche [1] » ! Cette boutade date de l'apogée des Trente Glorieuses, une époque où justement la majorité ordinaire, intégrée économiquement et encore dominante culturellement et politiquement, était au « centre ».

La question n'est plus de poser un diagnostic, de s'interroger sur les causes, tout est sur la table depuis longtemps. Les débats agités ne sont qu'une manière d'animer et de prolonger le spectacle. Il n'y a plus que les experts et les politiques pour continuer à disserter sur les maux et les « solutions » : dans le monde réel, tout le monde a compris. L'enjeu est désormais de sortir définitivement de la brume d'irréalité. Pour cela, il n'y a qu'à emprunter le chemin qu'on appelait hier la souveraineté du peuple.

1. Réplique du film *Un taxi pour Tobrouk* (1961), réalisé par Denys de La Patellière (dialogues de Michel Audiard).

Ce retour au centre n'est pas un retour vers le passé, mais un ancrage dans la réalité contemporaine. Il ne s'agit pas de revisiter le monde perdu de la classe ouvrière, mais au contraire de s'appuyer sur ceux qui, contre vents et marées, ont continué à prendre en charge les réalités sociales et culturelles et à préserver un bien commun et des valeurs qui dépassent et précèdent toutes les idéologies, tous les systèmes.

Il n'est plus interdit d'être pragmatique

L'utopie d'un modèle libéré des contraintes de la vie ordinaire est en train de s'achever. Malgré les tentatives d'asservissement, ce projet fou n'a pas réussi à anéantir l'instinct de survie de ceux qui ont toujours porté la société. C'est en s'appuyant sur cet instinct de survie et sur leur pragmatisme que l'on pourra envisager la reconstruction. Ce retour au réel permettrait, en quelques années (décennies ?), non pas de régler tous les problèmes, mais d'apaiser les tensions, de rassurer les gens ordinaires sur leur avenir, de réaffirmer leur place dans l'économie et leur statut de référent culturel.

Depuis la crise sanitaire, la réindustrialisation, l'accompagnement de certaines relocalisations stratégiques, le développement endogène des territoires et même l'idée d'une forme de protectionnisme sont à nouveau perçus comme des objectifs rationnels. En effet, une partie de l'élite dirigeante a récemment « découvert » que le pragmatisme n'est pas interdit en économie et pointé la nécessité de retrouver une forme de souveraineté dans ce domaine. Pour la première fois depuis les années 1980, certaines élites se sont rendu compte de cette évidence : on ne peut pas fonder une économie et donc une société sur un modèle qui ne produit rien.

Sur les terrains culturels et sociétaux, le pragmatisme n'est pas non plus interdit. Les pays scandinaves démontrent qu'en la matière, il est possible de calmer les tensions en répondant aux demandes des gens ordinaires. Mais, pour initier des mesures, les élites danoises ou suédoises ont dû, au préalable, faire leur révolution intellectuelle, considérer qu'elles n'étaient pas en poste pour servir des utopies, mais la majorité.

C'est en pensant contre elles-mêmes que les élites danoises ont ainsi radicalement révisé leur politique migratoire. Ouvrant les yeux sur le développement des tensions culturelles, le séparatisme et la ghettoïsation de certains quartiers et écoles, elles ont revu à la baisse leur philosophie d'ouverture en mettant en place par exemple leur politique « anti-ghetto ». Pragmatiques, ces mesures ont des effets politiques : soutenues par une majorité de l'opinion et de la classe politique, et portées par des sociaux-démocrates, elles ont brisé la dynamique des partis d'extrême droite.

De l'autre côté du pont de l'Øresund, qui relie Copenhague à Malmö, les démocrates suédois sont eux aussi rattrapés par le réel. En 2000, la Suède, qui se définissait comme une « superpuissance morale », favorisa l'accueil de flux migratoires devenus depuis exponentiels. Force est de constater que, depuis dix ans, les tensions culturelles, émeutes et ghettoïsation frappent le pays [1]. Comme au Danemark, les élites suédoises, y compris à gauche, ont regardé la réalité en face et pensé également contre elles-mêmes en acceptant l'idée qu'il existait des seuils objectifs à l'accueil. En 2020, c'est un gouvernement social-démocrate qui décide de réduire les entrées.

Notons que ce pragmatisme ne s'applique pas seulement à la question migratoire. En 2021, la Suède encore, pourtant pionnière en la matière, est revenue sur sa politique facilitant le changement de sexe pour les mineurs [2].

Si le pragmatisme est encore considéré par les élites dirigeantes comme une soumission insupportable à la réalité, il permet de casser des décisions

---

1. « La violence par armes à feu, un fléau qui inquiète la Suède », *Le Monde*, 10 décembre 2021.

2. « La Suède freine sur la question du changement de sexe des mineurs », *RTS*, 27 juin 2021.

économiques ou sociétales, des dogmes, qui s'avéraient causer plus de dégâts que d'effets positifs [1], et de répondre aux demandes des majorités. Il s'oppose à l'idéalisme utopique. Il est la recherche du « moins pire » du réel et non d'un monde idéal.

1. La politique énergétique allemande, afin d'être fidèle à ses dogmes environnementaux, a fermé ses centrales nucléaires, privilégié les énergies renouvelables pour, in fine, rouvrir des mines d'extraction et des centrales à charbon (avec, à la clé, le pire bilan carbone d'Europe).

Épilogue

Après la pandémie de Covid, l'idéologie de la métropolisation a implosé. Elle fait place aujourd'hui à un regard beaucoup plus pragmatique des élus sur l'aménagement des territoires. Sur ce point, les classes populaires bénéficient aujourd'hui d'un capital que les classes supérieures n'ont pas, elles vivent loin de « l'enfer des grandes villes[1] » dans des espaces qui, s'ils réussissent à produire leurs propres richesses et emplois, sont les mieux adaptés à la transition urbaine et écologique qui vient.

Le regard sur les territoires de la France périphérique est en train de changer : ils sont de plus en plus perçus comme un potentiel, une solution à l'impasse économique. Dans le sillage du géographe Gérard-François Dumont[2], une fraction

1. « Personne ne devrait être abandonné à l'enfer du béton ! », *Usbek & Rica*, 24 juin 2022.

2. Gérard-François Dumont, *Les Territoires français : diagnostic et gouvernance*, Armand Colin, 2018.

des élites pense désormais que les petites villes, les villes moyennes et les campagnes offrent les conditions d'un développement endogène et durable, car tous ces territoires disposent d'une force inestimable : la ressource humaine. Au départ, il y a des gens ordinaires, des artisans, des agriculteurs ou des commerçants qui portent une idée, un projet qui fait sens localement (politique adaptée à leur géographie), et à l'arrivée c'est une petite économie durable fondée sur les circuits courts et un esprit de solidarité qui prend forme. Ce retour à la (res)source humaine n'est pas seulement la condition du développement de ces territoires, il marque aussi un coup d'arrêt au processus de dépossession, d'annihilation des existences et de la société tout entière.

Le retour des gens ordinaires au centre est la seule réponse à la promesse du chaos, et la seule condition à la reconstruction.

Cet ancrage dans la réalité ordinaire ne nous conduira pas à un monde parfait, mais (et ce sera déjà beaucoup) à un monde qui aura du sens. C'est désormais la seule ligne d'horizon.

THERE IS AN ALTERNATIVE

TABLE

II.
La brume

III.
L'horizon

Cet ouvrage a été mis en pages par

<pixellence>

CET OUVRAGE
A ÉTÉ ACHEVÉ D'IMPRIMER
SUR ROTO-PAGE
PAR L'IMPRIMERIE FLOCH
À MAYENNE EN SEPTEMBRE 2022

N° d'édition : 545199-0. N° d'impression : 101209
Dépôt légal : octobre 2022
Imprimé en France